SOMATISCHE THERAPIE FÜR KOMPLEXE PTBS

Erschließung der Heilung von Körper und Geist und der Widerstandsfähigkeit zur Trauma-Regeneration

von

CLARISSA PARKS

EINFÜHRUNG

Was ist somatische Therapie?

Die somatische Therapie ist ein ganzheitlicher Ansatz zur Behandlung psychischer Traumata, der die tiefe Verbindung zwischen Geist und Körper betont. Im Gegensatz zu herkömmlichen Gesprächstherapien, die sich hauptsächlich auf kognitive und emotionale Aspekte konzentrieren, werden bei der somatischen Therapie die körperlichen Empfindungen, Bewegungen und Gesten des Körpers als integrale Bestandteile des Heilungsprozesses einbezogen. Das Grundprinzip der somatischen Therapie besteht darin, dass der Körper Traumata festhält, die sich in verschiedenen körperlichen Symptomen und Verhaltensmustern äußern. Durch die direkte Auseinandersetzung mit diesen körperlichen Manifestationen zielt die somatische Therapie darauf ab, gespeicherte Traumata zu lösen, die Heilung zu fördern und das Gefühl von Sicherheit und Ausgeglichenheit innerhalb des Einzelnen wiederherzustellen.

Die somatische Therapie umfasst verschiedene Techniken und Praktiken, darunter somatische

Erfahrung, sensomotorische Psychotherapie, bewegungsbasierte Therapien, Atemarbeit und Berührungstherapie. Diese Methoden sollen Einzelpersonen dabei helfen, sich ihrer Körperempfindungen bewusster zu werden, zu verstehen, wie diese Empfindungen mit ihren Traumaerfahrungen zusammenhängen, und gesündere Wege zu entwickeln, auf Stress und emotionale Auslöser zu reagieren.

Komplexe PTSD verstehen

Die komplexe posttraumatische Belastungsstörung (C-PTSD) ist eine Erkrankung, die durch längere oder wiederholte Exposition gegenüber traumatischen Ereignissen entsteht, die häufig im Zusammenhang mit zwischenmenschlichen Beziehungen auftreten. Im Gegensatz zur PTSD, die sich nach einem einzigen traumatischen Ereignis entwickeln kann, ist C-PTSD typischerweise mit chronischen Traumata verbunden, wie z. B. anhaltendem körperlichen, emotionalen oder sexuellen Missbrauch, Gefangenschaft oder längerer Kriegs- oder Gewaltexposition. Die kumulative Natur dieser Erfahrungen führt zu weitreichenderen und schwerwiegenderen psychischen und physischen Symptomen.

Die Symptome einer C-PTSD können grob in mehrere Bereiche eingeteilt werden:

Emotionale Dysregulation: Personen mit C-PTBS leiden häufig unter intensiven und schwankenden Emotionen, Schwierigkeiten beim Umgang mit Wut oder Traurigkeit und chronischen Gefühlen der Leere oder Hoffnungslosigkeit.

-Kognitive Verzerrungen: Anhaltende negative Überzeugungen über sich selbst, andere und die Welt sind weit verbreitet, zusammen mit Schwierigkeiten, die Aufmerksamkeit aufrechtzuerhalten, Gedächtnisproblemen und aufdringlichen Gedanken oder Flashbacks.

Zwischenmenschliche Schwierigkeiten: Vertrauensprobleme, Angst vor Intimität und Schwierigkeiten bei der Aufrechterhaltung gesunder Beziehungen sind weit verbreitet und sind oft auf früheren Verrat und Missbrauch durch Betreuer oder Autoritätspersonen zurückzuführen.

Körperliche Symptome: Chronische Schmerzen, Müdigkeit, Magen-Darm-Probleme und andere stressbedingte Beschwerden treten bei Personen mit C-PTBS häufig auf, was die tiefgreifenden Auswirkungen eines Traumas auf den Körper verdeutlicht.

Die Notwendigkeit somatischer Ansätze bei der Behandlung von Traumata

Traditionelle Therapieansätze wie die kognitive Verhaltenstherapie (CBT) und die psychodynamische Therapie haben sich bei vielen Menschen mit PTSD als wirksam erwiesen. Allerdings können diese Methoden für Menschen mit C-PTBS aufgrund der komplexen und tief verwurzelten Natur ihres Traumas unzureichend sein. Die Reaktion des Körpers auf ein Trauma ist nicht nur ein Nebenprodukt der Erfahrungen des Geistes, sondern ein grundlegender Aspekt der Speicherung und des Ausdrucks von Traumata.

Somatische Ansätze erkennen an, dass Traumata verkörpert sind – sie leben in den Empfindungen, Bewegungen und physiologischen Reaktionen des Körpers. Diese Anerkennung ist aus mehreren Gründen von entscheidender Bedeutung:

1. Körper-Geist-Verbindung: Ein Trauma wirkt sich auf das autonome Nervensystem aus und führt zu einer Dysregulation, die sich in Übererregung, Dissoziation oder chronischem Stress äußert. Die somatische Therapie zielt direkt auf diese physiologischen Reaktionen ab und hilft dem Einzelnen, sein Nervensystem zu regulieren und die Symptome zu lindern.

2. Zugriff auf nonverbale Erinnerungen:
Traumatische Erinnerungen werden oft nonverbal gespeichert und liegen außerhalb der Reichweite herkömmlicher Gesprächstherapien. Somatische Techniken ermöglichen es dem Einzelnen, über Körperempfindungen und Bewegungen auf diese Erinnerungen zuzugreifen und diese zu verarbeiten, was eine tiefere Ebene der Heilung ermöglicht.

3. Empowerment und Entscheidungsfreiheit:
Durch die Fokussierung auf den Körper befähigt die somatische Therapie den Einzelnen, eine aktive Rolle in seinem Heilungsprozess zu übernehmen. Wenn man lernt, körperliche Signale zu erkennen und darauf zu reagieren, fördert man ein Gefühl der Kontrolle und Selbstwirksamkeit, das oft durch ein Trauma untergraben wird.

4. Ganzheitliche Heilung:
Trauma wirkt sich auf jeden Aspekt des Wesens eines Menschen aus – emotional, kognitiv und körperlich. Der integrative Ansatz der Somatischen Therapie richtet sich an den gesamten Menschen und fördert umfassende Heilung und Resilienz.

Kapitel 1

DIE GRUNDLAGEN DER KOMPLEXEN PTBS

Definition komplexer PTSD

Die komplexe posttraumatische Belastungsstörung (C-PTSD) ist eine Erkrankung, die aus einer längeren oder wiederholten Exposition gegenüber traumatischen Ereignissen resultiert, insbesondere solchen, die zwischenmenschliche Beziehungen betreffen. Im Gegensatz zur PTSD, die sich nach einem einzigen traumatischen Ereignis entwickeln kann, ist C-PTSD typischerweise mit chronischen Traumata verbunden, wie z. B. anhaltendem körperlichen, emotionalen oder sexuellen Missbrauch, Gefangenschaft oder längerer Gewalteinwirkung. Die kontinuierliche und allgegenwärtige Natur dieser Erfahrungen führt zu schwerwiegenderen und vielschichtigeren Symptomen.

C-PTSD umfasst nicht nur die mit PTSD verbundenen Ängste und Ängste, sondern auch zusätzliche

Herausforderungen im Zusammenhang mit dem Selbstkonzept, der emotionalen Regulierung und der zwischenmenschlichen Funktionsfähigkeit. Die Erkrankung tritt häufig in Situationen auf, in denen sich die betroffene Person gefangen, machtlos oder unfähig fühlt, zu entkommen, was zu einem tiefen Gefühl der Hilflosigkeit und anhaltenden psychologischen Auswirkungen führt.

Symptome und Diagnose

Die Symptome von C-PTBS können in mehrere Schlüsselbereiche eingeteilt werden:

1. Emotionale Dysregulation:

- Intensive und schwankende Emotionen wie Wut, Traurigkeit und Angst.
- Schwierigkeiten, mit diesen Emotionen umzugehen, was zu Stimmungsschwankungen und Gefühlsausbrüchen führt.
- Chronische Gefühle der Leere, Hoffnungslosigkeit oder Taubheit.

2. Negatives Selbstkonzept:

- Anhaltende Gefühle von Wertlosigkeit, Scham und Schuldgefühlen.

- Ein allgegenwärtiges Gefühl, beschädigt oder kaputt zu sein.

- Schwierigkeiten, ein positives Selbstbild zu entwickeln und aufrechtzuerhalten.

3. Zwischenmenschliche Schwierigkeiten:

- Herausforderungen beim Aufbau und der Aufrechterhaltung gesunder Beziehungen.

- Vertrauensprobleme und Angst vor Intimität.

- Eine Tendenz, sich zu isolieren oder ungesunde, co-abhängige Beziehungen einzugehen.

4. Kognitive Verzerrungen:

- Anhaltende negative Überzeugungen über sich selbst, andere und die Welt.

- Konzentrationsschwierigkeiten, Schwierigkeiten beim Aufrechterhalten der Aufmerksamkeit und Gedächtnisprobleme.

- Aufdringliche Gedanken oder Flashbacks im Zusammenhang mit traumatischen Ereignissen.

5. Körperliche Symptome:

- Chronische Schmerzen, Müdigkeit und andere stressbedingte körperliche Beschwerden.

- Magen-Darm-Probleme und andere somatische Beschwerden.

- Erhöhte Krankheitsanfälligkeit aufgrund eines geschwächten Immunsystems.

Die Diagnose einer C-PTSD wird in der Regel von einem Psychiater durch eine umfassende Beurteilung gestellt, die eine detaillierte Anamnese der traumatischen Erfahrungen, der Symptomdarstellung und der Auswirkungen auf das tägliche Funktionieren der Person umfasst. Diagnoseinstrumente und -kriterien, wie sie beispielsweise in der Internationalen Klassifikation der Krankheiten (ICD-11) und anderen klinischen Richtlinien dargelegt sind, bilden einen Rahmen für die Identifizierung von C-PTBS.

Unterschiede zwischen PTSD und komplexer PTBS

Obwohl PTSD und C-PTSD einige Gemeinsamkeiten aufweisen, handelt es sich um unterschiedliche Erkrankungen mit wesentlichen Unterschieden in ihrer Ätiologie, Symptomatik und Behandlungsansätze.

1. Ätiologie:

- Posttraumatische Belastungsstörung (PTBS): Sie resultiert häufig aus einem einzelnen, identifizierbaren traumatischen Ereignis, wie z. B. einer Naturkatastrophe, einem Unfall oder einem Übergriff.

- C-PTBS: Entsteht durch längere oder wiederholte Traumaexposition, insbesondere in Kontexten mit zwischenmenschlichen Beziehungen, wie etwa Kindesmissbrauch, häuslicher Gewalt oder Gefangenschaft.

2. Symptomatologie:

- PTSD: Zu den Kernsymptomen gehören das Wiedererleben des traumatischen Ereignisses (z. B. Flashbacks, Albträume), die Vermeidung traumabedingter Reize, Übererregung (z. B. erhöhte Schreckreaktion, Reizbarkeit) und negative Stimmungs- und Wahrnehmungsveränderungen.

- C-PTBS: Zusätzlich zu den Symptomen einer PTBS umfasst C-PTSD eine emotionale Dysregulation, ein anhaltend negatives Selbstkonzept und erhebliche zwischenmenschliche Schwierigkeiten. Diese zusätzlichen Symptome spiegeln die tiefgreifende und allgegenwärtige Auswirkung eines chronischen Traumas auf die emotionale und Beziehungsfunktion des Einzelnen wider.

3. Auswirkungen auf die Funktionsweise:

- Posttraumatische Belastungsstörung (PTSD): Kann die tägliche Funktionsfähigkeit und die Lebensqualität erheblich beeinträchtigen, aber der Einzelne kann in bestimmten Bereichen seines Lebens dennoch ein gewisses Maß an Stabilität bewahren.

- C-PTSD: Die chronische Natur des Traumas und seine Auswirkungen auf das Selbstverständnis und die Beziehungen führen häufig zu weitreichenderen und schwerwiegenderen Beeinträchtigungen in mehreren Lebensbereichen, einschließlich Arbeit, sozialen Beziehungen und körperlicher Gesundheit.

4. Behandlungsansätze:

- PTSD: Die Behandlung umfasst typischerweise traumafokussierte Therapien wie kognitive Verhaltenstherapie (CBT) und Eye Movement Desensitization and Reprocessing (EMDR), die auf die Verarbeitung und Integration des traumatischen Gedächtnisses abzielen.

- C-PTSD: Zusätzlich zu traumafokussierten Therapien erfordert die Behandlung von C-PTSD häufig einen umfassenderen und integrativeren Ansatz, der sich mit dem komplexen Zusammenspiel emotionaler, kognitiver und relationaler Schwierigkeiten befasst. Somatische Therapien, die sich auf die Rolle des Körpers bei Traumata konzentrieren, sind besonders vorteilhaft für Menschen mit C-PTSD, da sie dabei helfen, gespeicherte Traumata zu lösen, das Nervensystem zu regulieren und ein Gefühl von Sicherheit und Verkörperung zu fördern.

Kapitel 2

DIE WISSENSCHAFT VON TRAUMA UND KÖRPER

Wie sich Trauma auf den Körper auswirkt

Traumata haben tiefgreifende und dauerhafte Auswirkungen auf den Körper und wirken sich auf verschiedene physiologische Systeme und Prozesse aus. Wenn eine Person ein traumatisches Ereignis erlebt, besteht die natürliche Reaktion des Körpers darin, das Stressreaktionssystem zu aktivieren, das auch als Kampf-oder-Flucht-Reaktion bekannt ist. Diese Reaktion soll den Einzelnen vor unmittelbarer Gefahr schützen. Wenn das Trauma jedoch chronisch oder schwerwiegend ist, kann es zu dauerhaften Veränderungen der Körperfunktionen führen.

1. **Aktivierung des Stress-Response-Systems:**
    - Sofortige Reaktion: Wenn der Körper mit einer Bedrohung konfrontiert wird, schüttet er Stresshormone

wie Adrenalin und Cortisol aus. Diese Hormone bereiten den Körper darauf vor, die Bedrohung entweder zu bekämpfen oder vor ihr zu fliehen, was zu einer erhöhten Herzfrequenz, erhöhter Aufmerksamkeit und einem Energieschub führt.

- Chronische Aktivierung: Bei längerem oder wiederholtem Trauma bleibt das Stressreaktionssystem aktiviert. Diese chronische Aktivierung kann zu einem Zustand der Übererregung führen, bei dem der Körper ständig in höchster Alarmbereitschaft ist, auch wenn keine unmittelbare Gefahr besteht. Zu den Symptomen einer Übererregung gehören Schlaflosigkeit, Reizbarkeit und eine verstärkte Schreckreaktion.

2. **Auswirkungen auf das Nervensystem:**

- Sympathisches Nervensystem (SNS): Das SNS ist für die Kampf-oder-Flucht-Reaktion verantwortlich. Bei Personen mit komplexer PTSD (C-PTSD) kann das SNS überaktiv werden, was zu einem Zustand anhaltender Erregung und Angst führt.

- Parasympathisches Nervensystem (PNS): Das PNS fördert Entspannung und Erholung. Bei Personen mit C-PTSD kann das PNS inaktiv werden, was es für den Körper schwierig macht, nach einem traumatischen Ereignis in einen Zustand der Ruhe zurückzukehren. Dieses Ungleichgewicht zwischen SNS und PNS trägt zu den physischen und psychischen Symptomen von C-PTSD bei.

3. **Somatische Symptome:**

- Ein Trauma kann sich in körperlichen Symptomen wie chronischen Schmerzen, Kopfschmerzen, Magen-Darm-Problemen und Müdigkeit äußern. Diese Symptome sind oft das Ergebnis einer anhaltenden Stressreaktion des Körpers und der Anhäufung von Anspannung und Stress in den Muskeln und anderen Geweben.

- Darüber hinaus kann ein Trauma die natürlichen Rhythmen und Prozesse des Körpers wie Schlaf und Verdauung stören und zu weiteren körperlichen Gesundheitsproblemen führen.

Die Körper-Geist-Verbindung

Körper und Geist sind eng miteinander verbunden und ein Trauma wirkt sich tiefgreifend auf beide aus. Dieser Zusammenhang zeigt sich darin, dass sich psychische Traumata als körperliche Symptome manifestieren können und umgekehrt. Das Verständnis des Zusammenhangs zwischen Körper und Geist ist für eine wirksame Traumabehandlung von entscheidender Bedeutung, da es die Notwendigkeit von Ansätzen verdeutlicht, die sowohl physische als auch psychische Aspekte von Traumata berücksichtigen.

1. **Psychosomatische Reaktionen:**

- Psychosomatische Reaktionen treten auf, wenn sich psychischer Stress oder Trauma als körperliche Symptome manifestieren. Beispielsweise kann eine Person, die unter starken Angstzuständen leidet, Bauchschmerzen oder Muskelverspannungen entwickeln. Diese körperlichen Symptome sind real und können schwächend sein, was unterstreicht, wie wichtig es ist, das zugrunde liegende psychische Trauma anzugehen.

2. **Verkörperung des Traumas:**

- Traumata werden oft als somatische Erinnerungen im Körper gespeichert. Diese Erinnerungen sind nonverbal und können sich als körperliche Empfindungen wie Engegefühl, Schmerz oder Taubheit manifestieren. Somatische Erinnerungen sind die Art und Weise, wie der Körper traumatische Erfahrungen festhält, auch wenn das Bewusstsein sie möglicherweise nicht vollständig in Erinnerung behält.

3. **Abfangen:**

- Unter Interozeption versteht man die Fähigkeit des Körpers, seinen inneren Zustand wie Hunger, Durst und Schmerz wahrzunehmen. Ein Trauma kann die Interozeption stören und zu Schwierigkeiten beim Erkennen und Reagieren auf die Bedürfnisse des Körpers führen. Die Verbesserung des interozeptiven

Bewusstseins ist eine Schlüsselkomponente der somatischen Therapie und hilft dem Einzelnen, sich wieder mit seinem Körper zu verbinden und eine gesündere Selbstregulation zu entwickeln.

4. Auswirkungen auf die emotionale Regulierung:

- Die physiologischen Reaktionen des Körpers auf Traumata können die emotionale Regulierung beeinflussen. Beispielsweise kann eine chronische Aktivierung des Stressreaktionssystems zu einer erhöhten emotionalen Reaktionsfähigkeit und Schwierigkeiten beim Umgang mit Emotionen führen. Umgekehrt können Übungen, die die körperliche Entspannung fördern, wie tiefes Atmen oder progressive Muskelentspannung, dazu beitragen, Emotionen zu regulieren und Traumasymptome zu reduzieren.

Neurobiologie des Traumas

Die Neurobiologie des Traumas bietet einen wissenschaftlichen Rahmen für das Verständnis, wie sich Trauma auf Gehirn und Körper auswirkt. Fortschritte in der Neurowissenschaft haben die tiefgreifenden Auswirkungen von Traumata auf die Struktur und Funktion des Gehirns aufgezeigt und verdeutlicht, wie wichtig es ist, diese Veränderungen in der Behandlung zu berücksichtigen.

1. An Traumata beteiligte Gehirnstrukturen:

- Amygdala: Die Amygdala ist das Angstzentrum des Gehirns, das für die Erkennung von Bedrohungen und die Aktivierung der Stressreaktion verantwortlich ist. Bei Personen mit C-PTSD ist die Amygdala häufig hyperaktiv, was zu erhöhter Angst und Unruhe führt.

- Hippocampus: Der Hippocampus ist an der Gedächtnisbildung und -konsolidierung beteiligt. Ein Trauma kann den Hippocampus beeinträchtigen und zu Gedächtnisstörungen und der Verarbeitung traumatischer Ereignisse führen. Diese Beeinträchtigung kann zu fragmentierten und aufdringlichen Erinnerungen an ein Trauma führen.

- Präfrontaler Kortex: Der präfrontale Kortex ist für höhere kognitive Funktionen wie Entscheidungsfindung, Impulskontrolle und emotionale Regulierung verantwortlich. Ein Trauma kann die Funktion des präfrontalen Kortex beeinträchtigen und zu Schwierigkeiten beim Umgang mit Emotionen und Verhaltensweisen führen.

2. Neurochemische Veränderungen:

- Ein Trauma kann die Konzentration verschiedener Neurotransmitter im Gehirn verändern, beispielsweise Serotonin, Dopamin und Noradrenalin. Diese Veränderungen können zu den Symptomen von Depression, Angstzuständen und Übererregung beitragen, die häufig bei C-PTBS auftreten.

- Chronischer Stress und Trauma können auch die Funktion der Hypothalamus-Hypophysen-Nebennieren-Achse (HPA) beeinträchtigen, einem System, das die Stressreaktion des Körpers reguliert. Eine Fehlregulation der HPA-Achse kann zu anhaltendem Stress und Entzündungen führen und die physischen und psychischen Symptome eines Traumas weiter verschlimmern.

3. Neuronale Plastizität und Heilung:

- Trotz der tiefgreifenden Auswirkungen eines Traumas auf das Gehirn verfügt das Gehirn über eine bemerkenswerte Plastizität, was bedeutet, dass es sich als Reaktion auf neue Erfahrungen verändern und anpassen kann. Diese Plastizität ist die Grundlage für Heilung und Erholung von Traumata.

- Therapeutische Interventionen, einschließlich somatischer Therapie, können die neuronale Plastizität fördern, indem sie Einzelpersonen dabei helfen, traumatische Erinnerungen zu verarbeiten und zu integrieren, ihr Nervensystem zu regulieren und gesündere Bewältigungsstrategien zu entwickeln. Techniken wie Achtsamkeit, Körperwahrnehmung und Bewegung können dabei helfen, das Gehirn neu zu vernetzen und die Widerstandsfähigkeit zu fördern.

4. Die Rolle des Vagusnervs:

- Der Vagusnerv ist ein wichtiger Bestandteil des parasympathischen Nervensystems und beeinflusst die Herzfrequenz, die Verdauung und die Entspannungsreaktion. Ein Trauma kann den Vagustonus beeinträchtigen und die Fähigkeit des Körpers verringern, sich nach Stress zu beruhigen.

- Somatische Therapien konzentrieren sich häufig auf die Verbesserung des Vagustonus durch Übungen wie tiefes Atmen, Lautäußerung und sanfte Bewegungen. Die Verbesserung des Vagustonus kann die Entspannung fördern, Traumasymptome reduzieren und das allgemeine Wohlbefinden steigern.

Kapitel 3

GRUNDSÄTZE DER SOMATISCHEN THERAPIE

Kernkonzepte und Techniken

Somatische Therapie ist ein ganzheitlicher Ansatz zur Heilung von Traumata, der die ganzheitliche Verbindung zwischen Geist und Körper betont. Die Grundvoraussetzung der somatischen Therapie ist, dass Traumata nicht nur im Geist, sondern auch im Gewebe, in den Muskeln und im Nervensystem des Körpers gespeichert werden. Die Auseinandersetzung mit diesen körperlichen Manifestationen ist für eine wirksame und umfassende Heilung von entscheidender Bedeutung. Hier sind die Kernkonzepte und Techniken, die für die somatische Therapie von zentraler Bedeutung sind:

1. Körperbewusstsein:
- Konzept: Entwicklung eines ausgeprägten Bewusstseins für Körperempfindungen, Bewegungen und Körperhaltungen.

- Technik: Klienten werden angeleitet, sich auf körperliche Empfindungen wie Verspannungen, Schmerzen oder Entspannung zu konzentrieren. Dieses Bewusstsein hilft Einzelpersonen zu erkennen, wie sich Traumata in ihrem Körper manifestieren, und Bereiche zu identifizieren, die Aufmerksamkeit erfordern.

2. Erdung:

- Konzept: Ein Gefühl von Stabilität und Präsenz im Hier und Jetzt herstellen.

- Technik: Bei Erdungsübungen geht es darum, sich auf die physische Verbindung zur Erde zu konzentrieren, wie zum Beispiel das Fühlen der Füße auf dem Boden oder die Unterstützung eines Stuhls. Diese Übungen helfen den Klienten, sich im gegenwärtigen Moment zu verankern und reduzieren Dissoziation und Ängste.

3. Somatisches Erleben (SE):

- Konzept: Ein von Dr. Peter Levine entwickelter therapeutischer Ansatz, der sich auf die Lösung von Traumata durch die Verarbeitung körperlicher Empfindungen konzentriert.

- Technik: Bei SE geht es darum, die Empfindungen des Körpers zu verfolgen und ihm zu ermöglichen, seine natürlichen Reaktionen auf Traumata zu vollenden. Dieser Prozess hilft, gespeicherte Energie freizusetzen und erleichtert die Rückkehr des Körpers in einen Gleichgewichtszustand.

4. Sensomotorische Psychotherapie:

- Konzept: Integration sensomotorischer Verarbeitung mit kognitiver und emotionaler Therapie zur Bewältigung der Auswirkungen von Traumata.

- Technik: Therapeuten nutzen Bewegung, Haltung und Gestik, um traumatische Erinnerungen zu erforschen und zu verarbeiten. Dieser Ansatz hilft Klienten, neue physische und emotionale Reaktionen auf traumatische Reize zu entwickeln.

5. Bewegungsbasierte Therapien:

- Konzept: Bewegung nutzen, um Traumata auszudrücken und zu lösen.

- Technik: Praktiken wie Tanztherapie, Yoga und Tai Chi beinhalten bewusste Bewegungen, die helfen, Spannungen abzubauen und ein Gefühl der Verkörperung zu fördern. Diese Therapien fördern den Ausdruck von Emotionen durch körperliche Bewegung.

6. Atemarbeit:

- Konzept: Nutzung der Atmung zur Regulierung des Nervensystems und zur Förderung der Entspannung.

- Technik: Tiefenatmungsübungen wie Zwerchfellatmung oder Boxatmung helfen, die Stressreaktion des Körpers zu beruhigen und das allgemeine Wohlbefinden zu steigern. Kontrolliertes

Atmen kann auch dazu beitragen, aufgestaute Emotionen loszulassen.

7. Berührung und Körperarbeit:

- Konzept: Sichere und therapeutische Berührung zur Unterstützung der Heilung.

- Technik: Methoden wie Massagetherapie, Craniosacral-Therapie und Akupressur beinhalten sanfte Berührungen, um Verspannungen zu lösen, die Durchblutung zu verbessern und die Entspannung zu fördern. Berührungen müssen ethisch vertretbar und mit Zustimmung des Klienten eingesetzt werden.

Die Rolle des Körpers bei der Heilung von Traumata

Der Körper spielt eine entscheidende Rolle bei der Heilung von Traumata. Traumata bleiben oft im Körper hängen und äußern sich in körperlichen Symptomen und dysregulierten physiologischen Reaktionen. Für eine wirksame somatische Therapie ist es unerlässlich, die Rolle des Körpers bei der Traumabewältigung zu verstehen und zu nutzen.

1. Gespeichertes Trauma loslassen:

- Somatische Erinnerungen: Traumatische Erlebnisse werden oft als somatische Erinnerungen im Körper gespeichert, die sich als körperliche Empfindungen, Schmerzen oder Anspannung äußern können. Durch die Fokussierung auf diese Körperempfindungen hilft die somatische Therapie dabei, diese gespeicherten Erinnerungen und die damit verbundene emotionale Ladung freizusetzen.

- Überlebensreaktionen abschließen: Ein Trauma kann die natürlichen Kampf-, Flucht- oder Erstarrungsreaktionen des Körpers stören. Die somatische Therapie ermöglicht es dem Einzelnen, diese Überlebensreaktionen zu vervollständigen, eingeschlossene Energie freizusetzen und das Gleichgewicht wiederherzustellen.

2. Regulierung des Nervensystems:

- Autonomes Nervensystem (ANS): Trauma kann dysregulieren das ANS, was zu Hypererregung (Kampf-oder-Flucht-Reaktion) oder Hypoerregung (Einfrierreaktion) führt. Somatische Therapietechniken wie Erdung und Atemarbeit helfen bei der Regulierung des ANS und fördern einen Zustand der Ruhe und Sicherheit.

- Vagustonus: Die Verbesserung des Vagustonus durch Übungen wie tiefes Atmen und Achtsamkeit kann die Funktion des parasympathischen Nervensystems verbessern, die Entspannung erleichtern und Stress reduzieren.

3. Verbesserung der Interozeption:

- Inneres Bewusstsein: Ein Trauma kann die Interozeption, die Fähigkeit, innere Körperzustände zu spüren und zu verstehen, beeinträchtigen. Die somatische Therapie verbessert das interozeptive Bewusstsein und hilft dem Einzelnen, die Bedürfnisse seines Körpers zu erkennen und darauf zu reagieren. Dieses Bewusstsein ist entscheidend für die Selbstregulierung und die emotionale Gesundheit.

4. Förderung der Verkörperung:

- Verbindung zum Körper: Ein Trauma kann dazu führen, dass sich Menschen von ihrem Körper getrennt fühlen, was zu einem Gefühl der Entfremdung und Entkörperlichung führt. Die somatische Therapie fördert die Wiederverbindung mit dem Körper und fördert das Gefühl der Eigenverantwortung und Entscheidungsfreiheit über die eigenen körperlichen und emotionalen Erfahrungen.

Vorteile der somatischen Therapie

Die somatische Therapie bietet zahlreiche Vorteile für Personen mit komplexer PTSD und bietet einen ganzheitlichen Ansatz, der die vielfältigen Auswirkungen von Traumata auf Körper und Geist berücksichtigt. Hier sind einige wichtige Vorteile:

1. Ganzheitliche Heilung:

- Umfassender Ansatz: Die somatische Therapie befasst sich sowohl mit den physischen als auch mit den psychischen Aspekten eines Traumas und bietet einen umfassenderen und integrierteren Heilungsprozess. Dieser ganzheitliche Ansatz erkennt an, dass Geist und Körper miteinander verbunden sind und gemeinsam behandelt werden müssen.

2. Symptomreduktion:

- Körperliche Symptome: Durch die Behandlung der körperlichen Manifestationen eines Traumas, wie chronische Schmerzen, Anspannung und Müdigkeit, kann die somatische Therapie diese Symptome deutlich reduzieren und so die allgemeine körperliche Gesundheit und das Wohlbefinden verbessern.

- Psychische Symptome: Somatische Therapie hilft, Symptome von Angstzuständen, Depressionen und emotionaler Dysregulation zu lindern, indem sie ein Gefühl von Sicherheit und Stabilität im Körper fördert.

3. Verbesserte emotionale Regulierung:

- Emotionen regulieren: Techniken wie Atemarbeit und Erdung verbessern die Fähigkeit, Emotionen zu regulieren, verringern die Intensität emotionaler Reaktionen und erhöhen die emotionale Stabilität.

- Aufbau von Resilienz: Durch die Förderung einer stärkeren Verbindung zum Körper und die Entwicklung gesunder Bewältigungsstrategien stärkt die somatische Therapie die Resilienz und ermöglicht es dem Einzelnen, Stress und emotionale Herausforderungen besser zu bewältigen.

4. Verbessertes Selbstbewusstsein:

- Körperbewusstsein: Somatische Therapie fördert ein größeres Bewusstsein für körperliche Empfindungen, Bewegungen und Reaktionen und führt zu einem tieferen Verständnis dafür, wie sich Trauma auf den Körper auswirkt. Dieses Bewusstsein ist ein entscheidender Schritt im Heilungsprozess.

- Selbsteinsicht: Wenn sich der Einzelne besser auf seinen Körper einstellt, erhält er Einblick in seine emotionalen und psychologischen Muster und wird dadurch in die Lage versetzt, bewusste Entscheidungen und Veränderungen zu treffen.

5. Empowerment und Entscheidungsfreiheit:

- Aktive Teilnahme: Somatische Therapie fördert die aktive Teilnahme am Heilungsprozess und befähigt den Einzelnen, die Kontrolle über seine Genesung zu übernehmen. Indem sie lernen, auf ihren Körper zu hören und auf ihn zu reagieren, entwickeln Klienten ein Gefühl der Entscheidungsfreiheit und Selbstwirksamkeit.

-Wiederherstellung der Autonomie: Ein Trauma geht oft mit einem Kontroll- und Autonomieverlust einher. Die somatische Therapie trägt dazu bei, das Gefühl der Kontrolle über den eigenen Körper und seine Erfahrungen wiederherzustellen und ein Gefühl der Selbstbestimmung und des Selbstwertgefühls zu fördern.

6. Beziehungen stärken:

- Zwischenmenschliche Fähigkeiten: Durch die Verbesserung der emotionalen Regulierung und des Selbstbewusstseins verbessert die somatische Therapie die zwischenmenschlichen Fähigkeiten und die Fähigkeit, gesunde Beziehungen aufzubauen. Kunden lernen, ihre Bedürfnisse und Grenzen effektiv zu kommunizieren.

- Vertrauen und Verbindung: Wenn Menschen von Traumata heilen und sich wieder mit ihrem Körper verbinden, können sie tiefere, vertrauensvollere

Verbindungen zu anderen aufbauen und so die Qualität
ihrer Beziehungen verbessern.

Kapitel 4

DIE REAKTION DES KÖRPERS AUF TRAUMA VERSTEHEN

Die Kampf-Flucht-Freeze-Reaktion

Die Reaktion des Körpers auf ein Trauma wird vom autonomen Nervensystem (ANS) gesteuert, das die Kampf-, Flucht- oder Erstarrungsreaktion orchestriert. Dieser angeborene Überlebensmechanismus bereitet den Körper darauf vor, Bedrohungen zu konfrontieren oder ihnen zu entkommen, und kann uns auch angesichts überwältigender Gefahren bewegungsunfähig machen. Die Kampfreaktion ist durch Aggression und Verteidigungsbereitschaft gekennzeichnet, oft begleitet von erhöhter Muskelspannung, schnellem Herzschlag und erhöhter Wachsamkeit. Die Fluchtreaktion beinhaltet einen Fluchtdrang mit physiologischen Veränderungen wie beschleunigter Atmung, erhöhtem Blutdruck und Adrenalinschüben, um die Flucht zu erleichtern. Wenn weder Kampf noch Flucht möglich sind, kann die

Einfrierreaktion ausgelöst werden. Dabei handelt es sich um einen Zustand der Lähmung oder Dissoziation, in dem das Individuum unbeweglich wird und die Körperfunktionen verlangsamt werden, oft begleitet von Gefühlen der Taubheit oder Distanzierung von der Realität. Diese Reaktion kann besonders belastend sein und dazu führen, dass sich die Betroffenen hilflos und gefangen fühlen.

Chronischer Stress und seine Auswirkungen auf den Körper

Chronische Stressbelastung, wie sie bei Personen mit komplexer PTSD (C-PTSD) beobachtet wird, führt zu einer anhaltenden Aktivierung des Stressreaktionssystems. Die kontinuierliche Ausschüttung von Stresshormonen wie Cortisol und Adrenalin richtet verheerende Auswirkungen auf den Körper und hat langfristige schädliche Auswirkungen. Eine große Auswirkung betrifft das Herz-Kreislauf-System, wo anhaltender Stress zu Bluthochdruck, einem erhöhten Risiko für Herzerkrankungen und anderen Herz-Kreislauf-Problemen führen kann. Auch das Immunsystem leidet, es wird weniger effektiv bei der Bekämpfung von Infektionen und ist anfälliger für

Entzündungen, was zu Autoimmunerkrankungen und anderen Gesundheitsproblemen führt. Darüber hinaus stört chronischer Stress Stoffwechselprozesse und trägt zu Erkrankungen wie Fettleibigkeit, Diabetes und Magen-Darm-Problemen bei. Auch die psychische Gesundheit ist betroffen, da Stress Angstzustände, Depressionen und kognitive Beeinträchtigungen verschlimmert. Das Gehirn selbst unterliegt strukturellen und funktionellen Veränderungen, einschließlich einer Atrophie des Hippocampus, die das Gedächtnis und das Lernen beeinträchtigt, sowie einer Funktionsstörung des präfrontalen Kortex, die sich auf die Entscheidungsfindung und emotionale Regulierung auswirkt. Diese weitreichenden Auswirkungen unterstreichen, wie wichtig es ist, chronischen Stress bei der Trauma-Genesung anzugehen.

Somatische Symptome eines Traumas erkennen

Traumata manifestieren sich nicht nur im Geist, sondern auch im Körper und äußern sich oft in somatischen Symptomen, die verwirrend und schwächend sein können. Zu den häufigen somatischen Symptomen eines Traumas gehören chronische Schmerzen wie Kopfschmerzen, Rückenschmerzen oder

Muskelverspannungen, die häufig nicht auf medizinische Standardbehandlungen ansprechen. Auch Magen-Darm-Probleme, einschließlich Reizdarmsyndrom (IBS), Übelkeit und Appetitveränderungen, sind bei Trauma-Überlebenden weit verbreitet. Schlafstörungen wie Schlaflosigkeit, Albträume oder unruhiger Schlaf verschlimmern die körperliche Belastung durch ein Trauma zusätzlich. Darüber hinaus können bei Personen kardiovaskuläre Symptome wie Herzklopfen oder Kurzatmigkeit auftreten, die Herzbeschwerden ähneln, aber auf Angstzuständen und Übererregung beruhen. Hauterkrankungen wie Ekzeme oder Psoriasis können aufgrund der entzündlichen Reaktion des Körpers auf Stress aufflammen. Das Erkennen dieser somatischen Symptome ist von entscheidender Bedeutung, da sie wichtige Hinweise auf das zugrunde liegende Trauma und seine allgegenwärtigen Auswirkungen liefern. Eine wirksame Traumatherapie muss sich mit diesen körperlichen Manifestationen befassen und den Menschen dabei helfen, sich wieder mit ihrem Körper zu verbinden, die Ursprünge ihrer Symptome zu verstehen und durch ganzheitliche, körperzentrierte Ansätze Linderung zu finden.

Das Verständnis der Reaktion des Körpers auf ein Trauma ist sowohl für Therapeuten als auch für Personen, die eine Heilung von einer komplexen PTSD anstreben, von entscheidender Bedeutung. Die Reaktion „Kampf, Flucht, Erstarren" verdeutlicht die unmittelbare Reaktion des Körpers auf Bedrohungen, während die Auswirkungen von chronischem Stress die langfristigen Folgen für die körperliche Gesundheit verdeutlichen. Das Erkennen somatischer Symptome überbrückt die Lücke zwischen Geist und Körper und unterstreicht die Notwendigkeit umfassender Behandlungsstrategien, die sowohl die psychologischen als auch die physiologischen Dimensionen von Traumata berücksichtigen. Durch somatische Therapie können Einzelpersonen lernen, auf ihren Körper zu hören, ihr Trauma zu verarbeiten und sich auf eine Reise zu ganzheitlicher Heilung und Genesung zu begeben.

Kapitel 5

SOMATISCHES BEWUSSTSEIN UND ACHTSAMKEIT

Somatisches Bewusstsein entwickeln

Somatisches Bewusstsein ist die Grundlage der somatischen Therapie und beinhaltet die Kultivierung einer erhöhten Sensibilität für Körperempfindungen, Bewegungen und innere Zustände. Für Personen mit komplexer PTSD (C-PTSD) kann die Entwicklung des somatischen Bewusstseins sowohl herausfordernd als auch transformativ sein. Ein Trauma stört oft die Verbindung zwischen Geist und Körper und führt zu Dissoziation oder Taubheitsgefühl. Die Wiederherstellung dieser Verbindung ist entscheidend für die Heilung.

1. Erdungstechniken: Erdung ist eine grundlegende Praxis zur Entwicklung des somatischen Bewusstseins.

Dabei geht es darum, die Aufmerksamkeit auf den Kontakt des Körpers mit der physischen Umgebung zu lenken. Zu den Techniken kann das Fühlen der Füße auf dem Boden, das Fühlen der Rückenlehne gegen einen Stuhl oder das Gefühl, einen Gegenstand zu halten, gehören. Diese Praktiken helfen dabei, den Einzelnen im gegenwärtigen Moment zu verankern und ein Gefühl der Stabilität zu schaffen.

2. Körperscan: Bei dieser Technik geht es darum, die Aufmerksamkeit systematisch auf verschiedene Körperteile zu richten und Empfindungen ohne Wertung wahrzunehmen. Von den Zehen bis zum Kopf lernen die Menschen, Bereiche der Anspannung, Entspannung, Wärme oder Unbehagen zu beobachten. Das Scannen des Körpers verbessert die Fähigkeit, Körpersignale zu erkennen und darauf zu reagieren, und fördert so eine tiefere Verbindung mit dem physischen Selbst.

3. Atembewusstsein: Die Konzentration auf den Atem ist ein weiterer wirksamer Weg, um somatisches Bewusstsein zu entwickeln. Den natürlichen Atemrhythmus zu beobachten, das Heben und Senken der Brust oder des Bauches wahrzunehmen und sich der Empfindungen beim Ein- und Ausatmen bewusst zu werden, kann das Nervensystem beruhigen und ein Gefühl des inneren Friedens fördern.

4. Bewegung und Dehnung: Sanfte Bewegungen und Dehnübungen helfen dem Einzelnen, sich besser auf seinen Körper einzustellen. Praktiken wie Yoga, Tai Chi oder einfache Dehnübungen fördern die Erkundung, wie sich der Körper in Bewegung anfühlt, und verbessern das somatische Bewusstsein und die Flexibilität.

Achtsamkeitspraktiken für Trauma-Überlebende

Achtsamkeit ist ein wirksames Werkzeug für Überlebende von Traumata und hilft dabei, ein vorurteilsfreies Bewusstsein für den gegenwärtigen Moment zu entwickeln. Es ermutigt den Einzelnen, seine Gedanken, Gefühle und Körperempfindungen zu beobachten, ohne sich von ihnen überwältigen zu lassen. Achtsamkeitsübungen können für Menschen mit C-PTBS besonders hilfreich sein, da sie ein Gefühl von Sicherheit und Kontrolle fördern.

1. Achtsames Atmen: Bei dieser Praxis achtet man genau auf den Atem und nutzt ihn als Anker, um präsent zu bleiben. Einzelpersonen werden ermutigt, jedes Ein- und Ausatmen zu bemerken und dabei die Tiefe, Geschwindigkeit und den Rhythmus des Atems zu beobachten. Achtsames Atmen kann überall und jederzeit geübt werden und bietet eine schnelle Möglichkeit, Ängste abzubauen und sich zu erden.

2. Achtsames Gehen: Achtsames Gehen bedeutet, sich auf die Empfindungen jedes Schritts zu konzentrieren, wie zum Beispiel auf das Gefühl, dass die Füße den Boden berühren, und auf die Bewegung der Beine. Diese Praxis kombiniert körperliche Aktivität mit Achtsamkeit und ist damit eine zugängliche und effektive Möglichkeit, Präsenz und Ruhe zu kultivieren.

3. Achtsames Essen: Achtsam zu essen bedeutet, dem Erlebnis des Essens volle Aufmerksamkeit zu schenken, den Geschmack, die Textur und das Aroma der Nahrung sowie das Hunger- und Sättigungsgefühl wahrzunehmen. Diese Praxis hilft dem Einzelnen, sich wieder mit seinem Körper zu verbinden und die Nährstoffe zu schätzen, die die Nahrung bietet.

4. Liebevolle Güte-Meditation: Bei dieser Form der Achtsamkeitspraxis geht es darum, Gefühle des Mitgefühls und der Freundlichkeit gegenüber sich selbst und anderen zu kultivieren. Überlebende von Traumata haben oft mit Selbstkritik und einer negativen Selbstwahrnehmung zu kämpfen. Meditation der liebenden Güte hilft, diesen Tendenzen entgegenzuwirken und fördert Selbstakzeptanz und emotionale Heilung.

5. Body-Scan-Meditation: Ähnlich wie das Körperscannen im somatischen Bewusstsein beinhaltet die Bodyscan-Meditation eine gezielte, geführte Erkundung der Körperempfindungen. Diese Praxis hilft dem Einzelnen, Spannungs- oder Unbehagenbereiche zu erkennen und fördert ein mitfühlendes Bewusstsein für den Körper.

Integration von Achtsamkeit in die somatische Therapie

Die Integration von Achtsamkeit in die somatische Therapie verbessert den therapeutischen Prozess, indem sie die Verbindung zwischen Geist und Körper vertieft. Diese Integration hilft den Klienten, sich ihrer physischen und emotionalen Zustände bewusster zu werden, und ermöglicht so einen ganzheitlichen Ansatz zur Traumaheilung.

1. Einen sicheren Raum schaffen: In der therapeutischen Umgebung muss sich der Klient sicher fühlen, damit er seine Körperempfindungen und

Emotionen erforschen kann. Therapeuten sollten einen Raum des Vertrauens und der Nichturteilung schaffen, der es den Klienten ermöglicht, sich frei und authentisch auszudrücken.

2. Techniken kombinieren: Therapeuten können Achtsamkeitsübungen mit somatischen Techniken kombinieren, um das Körperbewusstsein und die emotionale Regulierung zu verbessern. Beispielsweise kann die Kombination von achtsamem Atmen und Körperscannen Klienten dabei helfen, auf dem Boden zu bleiben, während sie Bereiche körperlicher Anspannung oder Unbehagen erkunden.

3. Trauma-Auslöser angehen: Achtsamkeit hilft Klienten, Trauma-Auslöser zu erkennen und zu bewältigen. Indem Klienten sich darüber im Klaren sind, wie ihr Körper auf bestimmte Reize reagiert, können sie Strategien entwickeln, um mit Auslösern umzugehen und einer erneuten Traumatisierung vorzubeugen. Techniken wie achtsames Atmen und Erdungsübungen sind in diesen Momenten von unschätzbarem Wert.

4. Verbesserung der emotionalen Regulierung: Achtsamkeitspraktiken, wie das urteilsfreie Beobachten von Gedanken und Emotionen, helfen Klienten, bessere Fähigkeiten zur emotionalen

Regulierung zu entwickeln. Dies ist von entscheidender Bedeutung für Personen mit C-PTSD, die häufig intensive und überwältigende Emotionen verspüren. Achtsamkeit fördert ein Gefühl der Kontrolle und Belastbarkeit.

5. Selbstmitgefühl fördern: Die Integration von Achtsamkeit in die somatische Therapie fördert Selbstmitgefühl, ein wesentlicher Bestandteil der Heilung von Traumata. Praktiken wie die Meditation über liebevolle Güte helfen Klienten dabei, eine freundlichere und akzeptierendere Beziehung zu sich selbst aufzubauen und den negativen Selbstwahrnehmungen entgegenzuwirken, die oft mit Traumata verbunden sind.

6. Förderung der täglichen Praxis: Therapeuten sollten Klienten dazu ermutigen, Achtsamkeit und somatische Praktiken in ihr tägliches Leben zu integrieren. Konsequentes Üben trägt dazu bei, die Geist-Körper-Verbindung zu stärken und die fortlaufende Heilung zu unterstützen. Einfache Aktivitäten wie achtsames Atmen, Gehen oder Dehnübungen lassen sich problemlos in den Alltag integrieren.

7. Fortschritt verfolgen: Die regelmäßige Überprüfung der Fortschritte hilft Klienten, die Vorteile der Integration von Achtsamkeit in ihre therapeutische

Reise zu erkennen. Das Führen eines Tagebuchs über Achtsamkeitsübungen, Körperempfindungen und emotionale Erfahrungen kann wertvolle Erkenntnisse liefern und Verbesserungen im Laufe der Zeit hervorheben.

Kapitel 6

SOMATISCHES ERFAHREN

Was ist somatisches Erleben?

Somatic Experiencing (SE) ist ein körperorientierter Therapieansatz, der von Dr. Peter A. Levine entwickelt wurde und darauf abzielt, die physiologischen und psychologischen Auswirkungen von Traumata anzugehen und zu heilen. Im Gegensatz zur traditionellen Gesprächstherapie, die sich hauptsächlich auf die kognitiven und emotionalen Aspekte eines Traumas konzentriert, betont SE die Bedeutung körperlicher Empfindungen und Reaktionen. Die grundlegende Prämisse von SE ist, dass Traumata nicht nur im Geist, sondern auch im Körper auftreten, wo sie „stecken bleiben" und anhaltenden Stress verursachen können.

SE funktioniert, indem es Einzelpersonen hilft, die eingeschlossene Energie und Spannung, die aus traumatischen Erlebnissen resultieren, zu erreichen und zu lösen. Dies wird durch einen Prozess der achtsamen Beobachtung und Regulierung der Körperempfindungen erreicht, der es dem Körper ermöglicht, seine natürlichen Selbstschutzreaktionen zu vollenden. Auf diese Weise möchte SE das natürliche Gleichgewicht des Körpers wiederherstellen und ein Gefühl von Sicherheit und Wohlbefinden fördern.

Eines der Schlüsselkonzepte in SE ist die Idee der „Pendulation", bei der es darum geht, sanft zwischen Zuständen der Not und des Komforts zu wechseln. Dieser Ansatz hilft Einzelpersonen, traumatische Erinnerungen schrittweise zu verarbeiten, ohne überwältigt zu werden, und fördert so die Belastbarkeit und emotionale Regulierung. Darüber hinaus konzentrieren sich SE-Praktiker auf den Aufbau von „Ressourcen" – positive interne oder externe Erfahrungen, die ein Gefühl von Sicherheit und Stabilität vermitteln. Diese Ressourcen fungieren während des therapeutischen Prozesses als Anker und unterstützen die Klienten bei der Bewältigung und Freisetzung traumatischer Energie.

Techniken und Übungen

Somatic Experiencing nutzt eine Reihe von Techniken und Übungen, die dazu dienen sollen, den Einzelnen dabei zu helfen, sich besser auf seine

Körperempfindungen einzustellen und die körperlichen Manifestationen eines Traumas zu lösen. Hier sind einige der Kerntechniken, die in SE verwendet werden:

1. Körperbewusstsein:

- Technik: Klienten werden angeleitet, sich auf körperliche Empfindungen wie Kribbeln, Wärme, Anspannung oder Entspannung zu konzentrieren. Dieses gesteigerte Bewusstsein hilft dem Einzelnen zu erkennen, wo Traumata im Körper gespeichert sind und wie sie sich manifestieren.

- Übung: Eine übliche Übung besteht darin, den Körper von Kopf bis Fuß zu scannen und dabei alle Bereiche zu notieren, in denen es Unbehagen oder Verspannungen gibt. Klienten lernen, diese Empfindungen ohne Urteil zu beobachten und bei ihnen präsent zu bleiben.

2. Erdung:

- Technik: Erdungsübungen helfen den Klienten, sich mit ihrem Körper und dem gegenwärtigen Moment zu verbinden und reduzieren Dissoziation und Ängste.

- Übung: Einfache Erdungstechniken umfassen das Fühlen der Füße auf dem Boden, das Drücken der Hände gegen eine feste Oberfläche oder die Konzentration auf den Atem. Diese Übungen verankern den Klienten im Hier und Jetzt und vermitteln ihm ein Gefühl der Stabilität.

3. Pendelung:

- Technik: Dabei geht es darum, zwischen Zuständen des Unbehagens und des Wohlbefindens zu wechseln und den Klienten dabei zu helfen, Traumata in überschaubaren Schritten zu verarbeiten.

- Übung: Klienten können angeleitet werden, sich an eine leicht belastende Erinnerung zu erinnern und sich gleichzeitig auf eine Ressource zu konzentrieren, beispielsweise ein beruhigendes Bild oder eine beruhigende Empfindung. Diese Hin- und Herbewegung trägt dazu bei, traumatische Energie freizusetzen, ohne den Klienten zu überfordern.

4. Titration:

- Technik: Bei der Titration wird die Verarbeitung traumatischen Materials in kleine, handhabbare Stücke zerlegt, um eine erneute Traumatisierung zu verhindern.

- Übung: Anstatt tief in eine traumatische Erinnerung einzutauchen, werden Klienten möglicherweise gebeten, sich auf einen kleinen Aspekt davon zu konzentrieren, beispielsweise einen bestimmten Ton oder ein bestimmtes Bild, und dabei ihre körperlichen Reaktionen zu beobachten. Dieser sorgfältige Ansatz ermöglicht eine schrittweise Verarbeitung und Integration.

5. Ressourcen:

- Technik: Aufbau und Nutzung interner und externer Ressourcen, um während der Therapie Unterstützung und Stabilität zu bieten.

- Übung: Klienten identifizieren persönliche Ressourcen, wie zum Beispiel positive Erinnerungen, unterstützende Beziehungen oder körperliche Wohlgefühle. Diese Ressourcen werden dann genutzt, um belastende Erfahrungen auszugleichen und die emotionale Regulierung zu unterstützen.

6. SIBAM-Modell:

- Technik: Dieses Modell beinhaltet die Konzentration auf Empfindung, Bild, Verhalten, Affekt und Bedeutung, um traumatische Erfahrungen vollständig zu verarbeiten.

- Übung: Klienten könnten eine traumatische Erinnerung anhand jeder dieser Dimensionen erforschen und dabei bemerken, wie Empfindungen, Bilder, Verhaltensweisen, Affekte und Bedeutungen miteinander verbunden sind. Dieser umfassende Ansatz hilft, das Trauma in die Gesamterzählung des Klienten zu integrieren.

Fallstudien und Erfolgsgeschichten

Um die Wirksamkeit von Somatic Experiencing zu veranschaulichen, betrachten Sie die folgenden Fallstudien und Erfolgsgeschichten. Diese Beispiele verdeutlichen, wie SE Menschen mit komplexer PTSD dabei helfen kann, ihr Trauma zu bewältigen und Heilung zu erreichen.

Fallstudie 1: Sarahs Reise zur Heilung

Sarah, eine 35-jährige Frau, suchte eine Therapie wegen Angstsymptomen, chronischen Schmerzen und emotionaler Taubheit, die auf Kindesmissbrauch zurückzuführen waren. Die traditionelle Gesprächstherapie hatte eine gewisse Linderung gebracht, ihre körperlichen Symptome jedoch nicht behoben. Durch SE begann Sarah, ein größeres Bewusstsein für ihre Körperempfindungen zu entwickeln. Während einer Sitzung bemerkte sie ein Engegefühl in ihrer Brust, als sie sich an eine traumatische Erinnerung erinnerte. Indem sie sich auf dieses Gefühl konzentrierte und es sich entfalten ließ, erlebte sie eine Welle der Traurigkeit und dann der Erleichterung. Mit der Zeit lernte Sarah, die mit ihrem Trauma verbundene Spannung zu erkennen und abzubauen. Ihre chronischen Schmerzen ließen nach und sie berichtete, dass sie sich stärker mit ihren Emotionen und ihrem Körper verbunden fühlte.

Fallstudie 2: Marks Weg zur Resilienz

Mark, ein 40-jähriger Militärveteran, kämpfte nach seiner Rückkehr vom Einsatz mit Flashbacks, Schlaflosigkeit und Hypervigilanz. In SE-Sitzungen übte Mark Erdungstechniken und lernte, sich in Momenten der Not auf seinen Atem zu konzentrieren. Mithilfe der Pendeltechnik verarbeitete er nach und nach traumatische Erinnerungen an den Kampf und stützte sich dabei auf positive Ressourcen, etwa die Erinnerung an die Unterstützung seiner Familie. Mark berichtete von einer deutlichen Verringerung von Flashbacks und Ängsten. Außerdem erlangte er das Gefühl der Kontrolle über seine Reaktionen auf Auslöser zurück, was zu einem verbesserten Schlaf und einem besseren allgemeinen Wohlbefinden führte.

Erfolgsgeschichte: Emmas Transformation

Emma, eine 28-jährige Frau, litt nach einem Autounfall unter starken Angstzuständen und Panikattacken. Durch SE lernte Emma, ihre Körperempfindungen zu verfolgen und zu erkennen, wann sie in einen Zustand der Übererregung eintrat. Während einer Sitzung konzentrierte sie sich auf das Gefühl ihres rasenden Herzens, während sie sich selbst erdete, indem sie ihre Füße auf den Boden drückte. Diese Praxis half ihr, die Welle der Angst zu überwinden, ohne überwältigt zu werden. Im Laufe der Zeit nahmen Emmas Panikattacken an Häufigkeit und Intensität ab. Sie gewann an Selbstvertrauen in ihre Fähigkeit, mit Stress umzugehen, und berichtete, dass sie sich in ihrem täglichen Leben präsenter und belastbarer fühlte.

Diese Fallstudien und Erfolgsgeschichten unterstreichen das transformative Potenzial von Somatic Experiencing für Menschen mit komplexer PTSD. Durch die Auseinandersetzung mit der Rolle des Körpers bei Traumata und den Einsatz von Techniken, die das Körperbewusstsein und die Körperregulation fördern, bietet SE einen wirksamen Weg zur Heilung. Klienten lernen, sich wieder mit ihrem Körper zu verbinden, traumatische Erinnerungen sicher zu verarbeiten und Widerstandskraft aufzubauen, um letztendlich ein Gefühl der Selbstbestimmung und des Wohlbefindens zu erreichen.

Kapitel 7

SENSORIMOTORISCHE PSYCHOTHERAPIE

Sensomotorische Psychotherapie (SP) ist ein therapeutischer Ansatz, der Prinzipien traditioneller Gesprächstherapien mit körperorientierten Techniken verbindet. SP wurde von Pat Ogden entwickelt und ist besonders wirksam bei der Behandlung komplexer PTSD (C-PTSD), da es neben kognitiven und emotionalen Aspekten auch die somatischen Komponenten des Traumas anspricht. In diesem Kapitel werden die einzigartigen Merkmale der sensomotorischen Psychotherapie und ihre Beziehung zu anderen Therapiemodalitäten wie der kognitiven Verhaltenstherapie (CBT), der Desensibilisierung und Wiederverarbeitung von Augenbewegungen (EMDR), dem somatischen Erleben (SE) und der dialektischen Verhaltenstherapie (DBT) untersucht.

Kognitive Verhaltenstherapie (CBT)

Die kognitive Verhaltenstherapie ist ein weit verbreiteter und evidenzbasierter psychotherapeutischer Ansatz, der sich auf die Identifizierung und Modifizierung maladaptiver Denkmuster und Verhaltensweisen konzentriert. CBT basiert auf der Idee, dass unsere Gedanken, Emotionen und Verhaltensweisen miteinander verbunden sind und dass wir durch die Änderung negativer Gedankenmuster unsere emotionalen und Verhaltensreaktionen beeinflussen können. Im Kontext von Traumata hilft CBT Einzelpersonen dabei, verzerrte Überzeugungen über sich selbst und die Welt zu erkennen und zu hinterfragen, die oft auf traumatischen Erlebnissen beruhen.

Integration mit sensomotorischer Psychotherapie:
- Kombination kognitiver und somatischer Interventionen: Die sensomotorische Psychotherapie baut auf den kognitiven Interventionen der kognitiven Verhaltenstherapie auf, indem sie körperorientierte Techniken einbezieht. Während CBT die kognitiven Verzerrungen und Fehlanpassungsverhalten anspricht, arbeitet SP gleichzeitig mit den körperlichen Empfindungen und Bewegungen, die mit Traumata verbunden sind. Dieser duale Ansatz hilft Klienten, einen umfassenderen Heilungsprozess zu erreichen.
- Behandlung des somatischen Gedächtnisses: Traumatische Erinnerungen äußern sich oft in somatischen Empfindungen wie Engegefühl, Schmerz

oder Taubheit. SP nutzt Achtsamkeits- und Körperbewusstseinstechniken, um den Klienten dabei zu helfen, diese Empfindungen wahrzunehmen und zu verarbeiten und so die Freisetzung von im Körper gespeicherten Traumata zu erleichtern.

Desensibilisierung und Wiederaufbereitung von Augenbewegungen (EMDR)

EMDR ist eine strukturierte Therapie zur Linderung der mit traumatischen Erinnerungen verbundenen Belastungen. Dabei werden bilaterale Stimulationen wie Augenbewegungen, Klopfen oder Töne eingesetzt, während sich der Klient an belastende Ereignisse erinnert. Der Prozess hilft dabei, traumatische Erinnerungen wiederzuverarbeiten, ihre emotionale Wirkung zu reduzieren und negative Überzeugungen, die mit dem Trauma verbunden sind, zu transformieren.

Integration mit sensomotorischer Psychotherapie:
- Körperwahrnehmung bei EMDR: Die sensomotorische Psychotherapie stärkt EMDR, indem sie die Körperwahrnehmung bei der Verarbeitung traumatischer Erinnerungen betont. Klienten werden ermutigt, die während der EMDR-Sitzungen auftretenden

körperlichen Empfindungen wahrzunehmen, was dabei hilft, die kognitiven und somatischen Aspekte des Traumas zu integrieren.

- Erdung und Regulierung: SP-Techniken wie Erdungs- und Regulierungsübungen können verwendet werden, um Klienten auf EMDR-Sitzungen vorzubereiten und ihnen zu helfen, mit möglicherweise auftretenden belastenden Empfindungen umzugehen. Diese Integration gewährleistet einen ganzheitlicheren und unterstützenderen Ansatz bei der Traumaverarbeitung.

Somatisches Erleben (SE)

Somatic Experiencing ist ein körperorientierter Ansatz zur Traumaheilung, der von Dr. Peter A. Levine entwickelt wurde. SE konzentriert sich auf das Lösen der körperlichen Spannung und Energie, die bei traumatischen Ereignissen im Körper eingeschlossen sind. Durch die Förderung des Bewusstseins für Körperempfindungen und die Ermöglichung der Vervollständigung selbstschützender Reaktionen zielt SE darauf ab, das Gleichgewicht im autonomen Nervensystem wiederherzustellen.

Integration mit sensomotorischer Psychotherapie:

- Gemeinsamer Fokus auf den Körper: Sowohl SE als auch SP betonen die Bedeutung körperlicher Empfindungen bei der Traumaheilung. SP beinhaltet viele der Prinzipien und Techniken von SE, wie z. B. Erdung, Pendeln und Titration, um Klienten dabei zu helfen, Traumata durch ihren Körper zu verarbeiten.

- Ressourcenaufbau: Die sensomotorische Psychotherapie verwendet ähnliche Techniken wie SEHEN für Aufbau interner und externer Ressourcen. Diese Ressourcen vermitteln ein Gefühl der Sicherheit und Unterstützung und ermöglichen es den Klienten, traumatische Erinnerungen effektiver zu verarbeiten.

Dialektische Verhaltenstherapie (DBT)

Die von Dr. Marsha Linehan entwickelte Dialektische Verhaltenstherapie ist eine umfassende, evidenzbasierte Behandlung für Personen mit schwerer emotionaler Dysregulation, die häufig mit einer komplexen PTSD einhergeht. DBT kombiniert kognitive Verhaltenstechniken mit Achtsamkeitspraktiken und legt dabei den Schwerpunkt auf das Training von Fähigkeiten in Bereichen wie emotionale Regulierung, Stresstoleranz, zwischenmenschliche Wirksamkeit und Achtsamkeit.

Integration mit sensomotorischer Psychotherapie:

- Achtsamkeitspraktiken: Sowohl DBT als auch SP beinhalten Achtsamkeitspraktiken, um Klienten dabei zu helfen, ein größeres Bewusstsein für ihre Gedanken, Emotionen und Körperempfindungen zu entwickeln. Achtsamkeit in SP konzentriert sich auf die somatische Erfahrung und hilft den Klienten, mit ihren körperlichen Empfindungen präsent zu bleiben, während sie Traumata verarbeiten.

- Emotionale Regulierung: Die sensomotorische Psychotherapie ergänzt den Fokus der DBT auf die emotionale Regulierung, indem sie die physischen Aspekte emotionaler Reaktionen anspricht. Techniken wie Erdung und Bewegung helfen den Klienten, ihre Emotionen über ihren Körper zu regulieren, und erhöhen so die Wirksamkeit des DBT-Fähigkeitstrainings.

- Stresstoleranz: SP integriert Stresstoleranztechniken von DBT und hilft Klienten, mit intensiven Emotionen und Körperempfindungen umzugehen, ohne auf maladaptives Verhalten zurückzugreifen. Diese Integration bietet einen robusten Rahmen für die Bewältigung der Herausforderungen der Trauma-Genesung.

Der einzigartige Ansatz der sensomotorischen Psychotherapie

Die sensomotorische Psychotherapie zeichnet sich dadurch aus, dass sie kognitive, emotionale und somatische Interventionen zu einem zusammenhängenden und ganzheitlichen Ansatz zur Traumabehandlung kombiniert. Diese Integration ermöglicht ein umfassendes Verständnis und Heilung von Traumata und befasst sich mit dem Zusammenspiel von Geist und Körper.

Hauptmerkmale der sensomotorischen Psychotherapie:
- Achtsamkeit und somatisches Bewusstsein: SP betont die Bedeutung von Achtsamkeit und Körperbewusstsein im therapeutischen Prozess. Klienten lernen, ihre Körperempfindungen, Bewegungen und Körperhaltungen zu beobachten und gewinnen Einblicke in die Art und Weise, wie Traumata in ihrem Körper gespeichert und ausgedrückt werden.
- Bottom-Up-Verarbeitung: Während sich traditionelle Therapien oft auf die Top-Down-Verarbeitung konzentrieren (beginnend mit Gedanken und Emotionen), legt SP den Schwerpunkt auf die Bottom-Up-Verarbeitung. Dieser Ansatz beginnt mit körperlichen Empfindungen und Bewegungen und hilft

Klienten, Traumata zu erreichen und zu lösen, die durch kognitive Interventionen allein möglicherweise nicht leicht zu erreichen sind.

- Verkörperte Heilung: SP betrachtet den Körper als eine wichtige Informations- und Heilungsquelle. Durch die Arbeit mit körperlichen Empfindungen und Bewegungen können Klienten auf die tiefsitzenden Auswirkungen von Traumata zugreifen und diese lösen, was zu einem stärker integrierten und verkörperten Selbstgefühl führt.

Kapitel 8

BEWEGUNGSBASIERTE THERAPIEN

Die Rolle der Bewegung bei der Heilung

Bewegung ist ein grundlegender Aspekt der menschlichen Existenz, der eng mit unserem körperlichen, emotionalen und psychischen Wohlbefinden verknüpft ist. Im Rahmen der Traumatherapie spielt Bewegung eine entscheidende Rolle für die Heilung und Genesung. Traumata stören häufig die natürlichen Rhythmen und Muster des Körpers und führen zu einem Zustand körperlicher und emotionaler Dysregulation. Bewegungsbasierte Therapien helfen dabei, diese Rhythmen wiederherzustellen und ein Gefühl von Sicherheit, Selbstbestimmung und Integration zu fördern.

1. Wiederverbindung mit dem Körper:

Ein Trauma kann dazu führen, dass sich Menschen von ihrem Körper lösen, was zu Taubheitsgefühlen, Dissoziation und dem Verlust des Körperbewusstseins führt. Bewegungsbasierte Therapien helfen den Klienten, sich wieder mit ihrem physischen Selbst zu verbinden und fördern ein Gefühl der Verkörperung und Präsenz. Durch bewusste Bewegung kann sich der Einzelne besser auf seine körperlichen Empfindungen, Emotionen und Bedürfnisse einstellen.

2. Gespeichertes Trauma loslassen:

Traumatische Erlebnisse werden oft als körperliche Anspannung, Schmerzen oder eingeschränkte Bewegungsmuster im Körper gespeichert. Bewegungsbasierte Therapien erleichtern die Freisetzung dieser gespeicherten traumatischen Energien und ermöglichen dem Körper, das Trauma zu verarbeiten und loszulassen. Diese Freisetzung kann zu einer Verringerung der körperlichen Symptome und einem allgemeinen Gefühl der Erleichterung und Freiheit führen.

3. Verbesserung des emotionalen Ausdrucks:

Bewegung bietet eine nonverbale Möglichkeit, Emotionen auszudrücken, die sich möglicherweise nur schwer mit Worten artikulieren lassen. Dies ist besonders wichtig für Trauma-Überlebende, denen es möglicherweise schwerfällt, ihre Erfahrungen in Worte zu fassen. Durch Bewegung können Menschen ein breites Spektrum an Emotionen, darunter Angst, Wut, Traurigkeit und Freude, sicher ausdrücken und verarbeiten.

4. Aufbau von Resilienz und Empowerment:

Die Teilnahme an bewegungsbasierten Therapien kann Einzelpersonen dabei helfen, Widerstandskraft und ein Gefühl der Selbstbestimmung aufzubauen. Durch die Erforschung neuer Möglichkeiten, ihren Körper zu bewegen und zu erleben, können Klienten ein größeres Gefühl von Kontrolle und Entscheidungsfreiheit entwickeln. Diese Ermächtigung kann auf andere Lebensbereiche übertragen werden und die allgemeine Genesung und das Wohlbefinden unterstützen.

Tanz- und Bewegungstherapie

Tanz- und Bewegungstherapie (DMT), auch Tanztherapie genannt, ist ein psychotherapeutischer Ansatz, der Bewegung und Tanz zur Unterstützung der emotionalen, kognitiven und körperlichen Integration nutzt. DMT wurde Mitte des 20. Jahrhunderts entwickelt und basiert auf der Annahme, dass Bewegung den inneren Zustand eines Individuums widerspiegelt und dass Individuen durch die Ausübung ausdrucksstarker

Bewegungen Zugang zu ihren emotionalen und psychologischen Erfahrungen erhalten und diese transformieren können.

1. Grundprinzipien von DMT:

- Bewegung als Kommunikation: DMT betrachtet Bewegung als eine Form der nonverbalen Kommunikation, die unbewusste Gedanken, Emotionen und Muster offenbaren kann. Therapeuten nutzen Bewegungsbeobachtung und -analyse, um die Bedürfnisse der Klienten zu verstehen und darauf einzugehen.

- Geist-Körper-Verbindung: DMT betont die Vernetzung von Geist und Körper und erkennt an, dass Bewegungsänderungen zu Veränderungen emotionaler und psychologischer Zustände führen können. Durch das Erkunden neuer Bewegungsmuster können Klienten neue Denk- und Gefühlsweisen entwickeln.

- Kreativer Ausdruck: DMT fördert den kreativen Ausdruck durch Bewegung und Tanz. Dieser kreative Prozess ermöglicht es den Klienten, ihre inneren Welten zu erkunden, Emotionen auszudrücken und mit neuen Seinsweisen zu experimentieren.

2. Techniken und Interventionen:

- Spiegeln: Bei dieser Technik spiegelt der Therapeut die Bewegungen des Klienten wider und fördert so ein Gefühl der Einstimmung und Empathie. Das Spiegeln gibt den Klienten das Gefühl, gesehen und verstanden zu werden, und schafft einen sicheren Raum für Erkundungen.

- Bewegungsdialoge: Bewegungsdialoge beinhalten den nonverbalen Austausch zwischen Therapeut und Klient und ermöglichen eine dynamische und spontane Interaktion. Diese Dialoge können zugrunde liegende Emotionen und Muster offenbaren, die mit Worten möglicherweise nicht zugänglich sind.

- Authentic Movement: Authentic Movement ist eine Form der DMT, bei der sich Klienten frei und spontan bewegen und dabei von ihren inneren Impulsen geleitet werden. Diese Praxis fördert ein tiefes Selbstbewusstsein und Selbstausdruck und hilft den Klienten, sich mit ihrem authentischen Selbst zu verbinden.

3. Vorteile von DMT:

- Emotionale Regulierung: DMT hilft Klienten, ihre Emotionen zu regulieren, indem es ein sicheres Ventil für Ausdruck und Entspannung bietet. Bewegung kann Angstgefühle, Depressionen und Stress reduzieren und das emotionale Gleichgewicht fördern.

- Körperbewusstsein: Durch Bewegungserkundung entwickeln Klienten ein größeres Körperbewusstsein und Achtsamkeit. Dieses gesteigerte Bewusstsein kann zu einer positiveren Beziehung zum Körper und einem verbesserten Selbstwertgefühl führen.

- Soziale Verbindung: DMT umfasst oft Gruppensitzungen, die ein Gemeinschaftsgefühl und soziale Unterstützung fördern. Sich gemeinsam mit anderen zu bewegen, kann das Gefühl der Isolation verringern und die zwischenmenschlichen Beziehungen stärken.

Yoga und traumasensible Praktiken

Yoga ist eine alte Praxis, die Körperhaltungen, Atemkontrolle, Meditation und ethische Prinzipien kombiniert, um das allgemeine Wohlbefinden zu fördern. In den letzten Jahren hat Yoga als wirksame ergänzende Therapie für Trauma-Überlebende Anerkennung gefunden. Trauma-sensitives Yoga (TSY) ist ein spezieller Ansatz, der traditionelle Yoga-Praktiken an die besonderen Bedürfnisse von Menschen mit Trauma-Vorgeschichte anpasst.

1. Grundprinzipien des traumasensiblen Yoga:

- Sicherheit und Auswahl: TSY legt großen Wert darauf, ein sicheres und unterstützendes Umfeld für die Teilnehmer zu schaffen. Ausbilder legen Wert auf persönliche Entscheidungen und ermutigen den Einzelnen, auf seinen Körper zu hören und Entscheidungen zu treffen, die sich für ihn richtig anfühlen. Dieser Ansatz trägt dazu bei, das Gefühl von Kontrolle und Autonomie wiederherzustellen.

- Achtsamkeit und Präsenz: TSY integriert Achtsamkeitsübungen und hilft den Teilnehmern, mit ihren Körperempfindungen und ihrem Atem präsent zu bleiben. Achtsamkeit stärkt das Körperbewusstsein und unterstützt die Regulierung des Nervensystems.

- Nicht-direktiver Ansatz: TSY-Lehrer verwenden eine einladende Sprache und vermeiden körperliche Anpassungen. Dieser nicht-direktive Ansatz respektiert die Grenzen der Teilnehmer und fördert ein Gefühl der Selbstbestimmung und Selbstbestimmung.

2. Techniken und Praktiken:

- Atembewusstsein: Die Konzentration auf den Atem ist eine grundlegende Praxis bei TSY. Atembewusstsein hilft, das Nervensystem zu beruhigen, Ängste abzubauen und die Achtsamkeit zu stärken. Techniken wie tiefes Atmen, Zwerchfellatmung und abwechselnde Nasenlochatmung werden häufig verwendet.

- Sanfte Körperhaltungen: TSY legt Wert auf sanfte und zugängliche Yoga-Haltungen, die Entspannung und Körperbewusstsein fördern. Körperhaltungen wie Kinderhaltung, Katzen-Kuh-Strecken und Vorwärtsbeugen im Sitzen sind häufig in traumasensiblen Kursen enthalten.

- Erdungsübungen: Erdungsübungen helfen den Teilnehmern, sich stärker mit ihrem Körper und dem gegenwärtigen Moment verbunden zu fühlen. Techniken wie das Eindrücken der Füße in den Boden, das Spüren der Unterstützung der Matte und die Konzentration auf körperliche Empfindungen werden häufig verwendet.

- Geführte Entspannung: Geführte Entspannungsübungen wie Körperscans und progressive Muskelentspannung helfen den Teilnehmern, Spannungen abzubauen und ein Gefühl der Ruhe und Sicherheit zu entwickeln. Diese Praktiken unterstützen die natürlichen Heilungsprozesse des Körpers.

3. Vorteile von traumasensiblem Yoga:

- Regulierung des Nervensystems: TSY hilft bei der Regulierung des autonomen Nervensystems, indem es die Entspannung fördert und Übererregung reduziert. Diese Regulierung unterstützt das allgemeine emotionale und körperliche Wohlbefinden.

- Verbessertes Körperbewusstsein: TSY fördert ein größeres Körperbewusstsein und Achtsamkeit und hilft den Teilnehmern, sich wieder mit ihrem Körper zu verbinden und eine positive Beziehung zu körperlichen Empfindungen aufzubauen.

- Empowerment und Resilienz: Durch die Betonung der persönlichen Wahl und Autonomie befähigt TSY die Teilnehmer, eine aktive Rolle in ihrem Heilungsprozess zu übernehmen. Dieses Gefühl der Ermächtigung stärkt die Widerstandsfähigkeit und unterstützt die langfristige Genesung.

Kapitel 9

ATEM- UND REGULIERUNGSTECHNIKEN

Die Kraft des Atems bei der Trauma-Erholung

Atemarbeit ist ein wirksames und leicht zugängliches Instrument zur Genesung nach einem Trauma, insbesondere für Personen, die mit komplexer PTBS zu kämpfen haben. Der Akt des Atmens ist sowohl automatisch als auch kontrollierbar, was ihn zu einer einzigartigen Brücke zwischen dem Unbewussten und dem Bewusstsein macht. Durch gezielte Atemarbeit können Menschen ihr Nervensystem regulieren, Stress reduzieren und ein Gefühl von Ruhe und Sicherheit fördern.

1. Physiologische Auswirkungen:

Atemarbeit beeinflusst direkt das autonome Nervensystem (ANS), das die Stressreaktion des Körpers steuert. Durch die bewusste Veränderung der Atmung können Menschen das parasympathische Nervensystem aktivieren, die Entspannung fördern und die mit einem Trauma verbundene Kampf-, Flucht- oder Erstarrungsreaktion reduzieren.

2. Emotionale Regulierung:

Atemtechniken können helfen, Emotionen zu verwalten und zu modulieren. Tiefes, langsames Atmen kann Ängste und Panik lindern, während rhythmisches Atmen die Stimmung stabilisieren und die emotionale Belastbarkeit stärken kann. Für Überlebende eines Traumas kann die Entwicklung der Kontrolle über ihren Atem ein Gefühl der Stärkung und Beherrschung ihrer emotionalen Zustände vermitteln.

3. Geist-Körper-Verbindung:

Atemarbeit fördert eine stärkere Verbindung zwischen Geist und Körper. Ein Trauma führt oft zu einer Trennung und Dissoziation von körperlichen Empfindungen. Durch Atemarbeit können Einzelpersonen ein größeres Körperbewusstsein entwickeln und so präsent und geerdet in ihrer körperlichen Erfahrung bleiben.

Atemübungen zur Regulierung

Mehrere spezifische Atemübungen können die Regulierung des Nervensystems unterstützen und die Heilung von Traumata unterstützen. Diese Techniken sollen einfach, effektiv und leicht in die tägliche Praxis integrierbar sein.

1. Zwerchfellatmung:

Bei der Zwerchfellatmung, auch Bauchatmung genannt, werden tiefe Atemzüge durchgeführt, die das Zwerchfell vollständig beanspruchen, die Entspannung fördern und Spannungen abbauen.

Technik:
- Setzen oder legen Sie sich in eine bequeme Position.
- Legen Sie eine Hand auf die Brust und die andere auf den Bauch.
- Atmen Sie tief durch die Nase ein, damit sich das Zwerchfell ausdehnt und der Bauch sich hebt.
- Atmen Sie langsam durch den Mund aus und spüren Sie, wie sich der Bauch senkt.
- Wiederholen Sie dies mehrere Minuten lang und konzentrieren Sie sich dabei auf das Heben und Senken des Bauches.

2. Box-Atmung:

Box-Atmung oder Quadratatmung ist eine strukturierte Technik, die zu gleichen Teilen Einatmen, Anhalten des Atems, Ausatmen und Anhalten des Atems umfasst.

Technik:
- Setzen Sie sich bequem mit geradem Rücken hin.
- Atmen Sie durch die Nase ein und zählen Sie dabei bis vier.
- Halten Sie den Atem an und zählen Sie bis vier.
- Atmen Sie langsam durch den Mund aus und zählen Sie dabei bis vier.
- Halten Sie den Atem an und zählen Sie bis vier.
- Wiederholen Sie den Zyklus mehrmals und konzentrieren Sie sich dabei auf gleichmäßige und gleichmäßige Atemzüge.

3. Abwechselnde Nasenatmung:

Die abwechselnde Nasenlochatmung (Nadi Shodhana) ist eine Yoga-Praxis, die die linke und rechte Gehirnhälfte ins Gleichgewicht bringt und so Ruhe und geistige Klarheit fördert.

Technik:
- Sitzen Sie bequem mit gerader Wirbelsäule.
- Mit dem rechten Daumen das rechte Nasenloch verschließen.
- Atmen Sie tief durch das linke Nasenloch ein.
- Verschließen Sie das linke Nasenloch mit dem rechten Ringfinger und lassen Sie das rechte Nasenloch los.
- Atmen Sie durch das rechte Nasenloch aus.

- Atmen Sie durch das rechte Nasenloch ein.
- Schließen Sie das rechte Nasenloch und lassen Sie das linke Nasenloch los.
- Atmen Sie durch das linke Nasenloch aus.
- Setzen Sie den Zyklus einige Minuten lang fort und konzentrieren Sie sich dabei auf den Atemfluss.

4. 4-7-8 Atmung:

Die von Dr. Andrew Weil entwickelte 4-7-8-Atemtechnik soll die Entspannung fördern und Angstzustände reduzieren.

Technik:
- Setzen oder legen Sie sich in eine bequeme Position.
- Atmen Sie ruhig durch die Nase ein und zählen Sie dabei bis vier.
- Halten Sie den Atem an und zählen Sie bis sieben.
- Atmen Sie mit einem zischenden Geräusch vollständig durch den Mund aus und zählen Sie dabei bis acht.
- Wiederholen Sie den Zyklus viermal und steigern Sie ihn schrittweise auf acht Zyklen, je nach Komfort.

Atemarbeit in den Alltag integrieren

Die Integration der Atemarbeit in die tägliche Routine kann den Nutzen deutlich steigern und die langfristige Trauma-Genesung unterstützen. Hier sind einige praktische Möglichkeiten, Atemarbeit in den Alltag zu integrieren:

1. Morgenroutine:

Wenn Sie den Tag mit ein paar Minuten bewusster Atmung beginnen, können Sie eine positive Stimmung erzeugen und morgendliche Ängste reduzieren. Die Integration von Atemübungen in die Morgenroutine kann dabei helfen, das Nervensystem zu regulieren und Körper und Geist auf den kommenden Tag vorzubereiten.

2. Achtsame Pausen:

Wenn Sie den ganzen Tag über kurze, achtsame Pausen einlegen, um Atemübungen zu machen, können Sie mit Stress umgehen und einer Überforderung vorbeugen. Diese Pausen können so einfach sein wie ein paar tiefe Atemzüge am Schreibtisch, beim Pendeln oder beim Spaziergang.

3. Abendliche Entspannung:

Die Integration von Atemübungen in die Abendroutine kann die Entspannung fördern und die Schlafqualität verbessern. Techniken wie Zwerchfellatmung oder

4-7-8-Atmung können helfen, den Geist zu beruhigen und den Körper auf die Ruhe vorzubereiten.

4. In stressigen Momenten:

Das Üben von Atemübungen in Momenten von Stress oder Angst kann sofortige Linderung verschaffen und eine Eskalation verhindern. Techniken wie die Boxatmung oder die abwechselnde Nasenlochatmung können das Nervensystem schnell von einem Zustand der Erregung in einen Zustand der Ruhe versetzen.

5. Geführte Atemübungen:

Die Verwendung von geführten Atemübungsaufzeichnungen oder der Besuch von Atemübungskursen kann Struktur und Unterstützung für die Entwicklung einer regelmäßigen Praxis bieten. Viele Apps und Online-Plattformen bieten geführte Sitzungen an, die auf unterschiedliche Bedürfnisse und Erfahrungsniveaus zugeschnitten sind.

6. Integration mit anderen Therapien:

Atemarbeit kann andere Therapieansätze wie Achtsamkeit, Yoga oder somatische Therapien ergänzen. Die Integration von Atemarbeit in Therapiesitzungen kann die Gesamtwirksamkeit der Behandlung steigern und eine ganzheitliche Heilung unterstützen.

Kapitel 10

BERÜHRUNG UND KÖRPERARBEIT IN DER SOMATISCHEN THERAPIE

Sicherer und ethischer Umgang mit Berührungen

Berührung ist ein grundlegendes menschliches Bedürfnis und spielt eine entscheidende Rolle für das emotionale, psychische und körperliche Wohlbefinden. Für Personen mit komplexer PTBS kann Berührung jedoch ein sensibles und potenziell auslösendes Erlebnis sein. Daher erfordert der sichere und ethische Einsatz von Berührungen in der somatischen Therapie sorgfältige Überlegungen und die Einhaltung bewährter Praktiken.

1. Sicherheit und Vertrauen schaffen:

- Einverständniserklärung: Bevor Berührung in die Therapie integriert wird, ist es wichtig, die Einverständniserklärung des Klienten einzuholen. Dazu gehört die Erläuterung des Zwecks, der Methoden sowie der potenziellen Vorteile und Risiken des Einsatzes von Berührungen in der Therapie.

- Klientenautonomie: Klienten sollten immer die Kontrolle darüber haben, ob und wie Berührungen in ihren Sitzungen verwendet werden. Sie müssen sich befähigt fühlen, Grenzen zu setzen und ihr Wohlbefinden zu kommunizieren, ohne Angst vor Urteilen oder Druck zu haben.

- Vertrauen aufbauen: Der Aufbau einer starken therapeutischen Allianz ist von entscheidender Bedeutung. Vertrauen wird im Laufe der Zeit durch konsistente, respektvolle und abgestimmte Interaktionen aufgebaut. Erst wenn eine solide Vertrauensbasis vorhanden ist, sollte Berührung eingeführt werden.

2. Ethische Überlegungen:

- Berufliche Grenzen: Therapeuten müssen klare berufliche Grenzen einhalten, um sicherzustellen, dass die therapeutische Beziehung sicher und ethisch bleibt. Berührungen sollten immer den therapeutischen Zielen des Klienten dienen und niemals den Bedürfnissen des Therapeuten entsprechen.

- Kulturelle Sensibilität: Es ist von entscheidender Bedeutung, kulturelle Unterschiede in Bezug auf Berührungen zu verstehen und zu respektieren. Was in einer Kultur als angemessen und heilend angesehen wird, kann in einer anderen Kultur als unangenehm oder unangemessen gelten.

- Trauma-informierter Ansatz: Ein trauma-informierter Ansatz zur Berührung erkennt das Potenzial für eine erneute Traumatisierung und priorisiert das Gefühl der Sicherheit und Kontrolle des Klienten. Die Techniken sollten sanft, nicht-invasiv und auf die Reaktionen des Klienten abgestimmt sein.

3. Techniken für sichere Berührung:

- Erdende Berührung: Sanfte Berührungen, z. B. das Auflegen einer Hand auf die Schulter oder den Rücken des Klienten, können dazu beitragen, ihn im gegenwärtigen Moment zu erden und ein Gefühl von Sicherheit und Verbundenheit zu vermitteln.

- Grenzarbeit: Therapeuten können Berührungen nutzen, um Klienten dabei zu helfen, physische Grenzen zu erkunden und festzulegen und so ein Gefühl der Kontrolle und Selbstbestimmung zu fördern.

- Unterstützende Berührung: Unterstützende Berührungen, beispielsweise das Halten der Hand eines Klienten in belastenden Momenten, können Trost und Beruhigung bieten und den therapeutischen Prozess verbessern.

Massagetherapie und Trauma

Bei der Massagetherapie handelt es sich um eine Körperarbeitstechnik, bei der die Weichteile manipuliert werden, um die Entspannung zu fördern, Schmerzen zu lindern und das allgemeine Wohlbefinden zu verbessern. Für Personen mit komplexer PTSD kann die Massagetherapie eine wirksame Ergänzung zur somatischen Therapie sein, indem sie die Lösung gespeicherter Traumata unterstützt und die körperliche und emotionale Gesundheit verbessert.

1. Vorteile der Massagetherapie für Traumaüberlebende:

- Körperliche Entspannung: Massagetherapie hilft, Muskelverspannungen zu reduzieren, Schmerzen zu lindern und die allgemeine körperliche Entspannung zu fördern. Dies kann besonders für Überlebende eines Traumas von Vorteil sein, die häufig unter chronischen körperlichen Beschwerden leiden.

- Emotionale Entspannung: Berührungen können die Entspannung emotionaler Spannungen im Körper erleichtern. Die Massagetherapie bietet Klienten einen sicheren Raum, um auf diese Emotionen zuzugreifen und sie zu verarbeiten.

- Regulierung des Nervensystems: Die Massage aktiviert das parasympathische Nervensystem, fördert die Entspannung und reduziert die mit Traumata verbundene Übererregung. Diese Regulierung unterstützt das allgemeine emotionale und körperliche Wohlbefinden.

2. Techniken und Ansätze:

- Schwedische Massage: Eine sanfte und entspannende Technik mit langen, fließenden Bewegungen. Die schwedische Massage fördert die allgemeine Entspannung und ist oft ein guter Ausgangspunkt für Trauma-Überlebende, die neu in der Massagetherapie sind.

- Myofasziale Entspannung: Diese Technik zielt auf die Faszien ab, das Bindegewebe, das die Muskeln umgibt. Myofasziale Entspannung kann dabei helfen, tiefsitzende Spannungen und Traumata, die im Bindegewebe des Körpers gespeichert sind, zu lösen.

- Traumasensible Massage: Traumasensible Massagetherapeuten sind für die Arbeit mit Trauma-Überlebenden geschult und verwenden dabei Techniken, bei denen Sicherheit, Zustimmung und Einstimmung auf die Bedürfnisse des Klienten im Vordergrund stehen. Dieser Ansatz umfasst oft langsamere, achtsamere Berührungen und den Fokus auf die Schaffung einer sicheren und unterstützenden Umgebung.

3. Integration mit somatischer Therapie:

- Kollaborativer Ansatz: Massagetherapeuten und Somatiktherapeuten können zusammenarbeiten, um einen umfassenden Behandlungsplan zu erstellen, der auf die körperlichen und emotionalen Bedürfnisse des Klienten eingeht. Regelmäßige Kommunikation zwischen den Therapeuten gewährleistet einen koordinierten und unterstützenden Heilungsansatz.

- Verarbeitung nach der Massage: Die Integration der Massagetherapie in somatische Therapiesitzungen ermöglicht es den Klienten, alle Emotionen und Empfindungen zu verarbeiten, die während der Massage entstehen. Diese Integration unterstützt ein tieferes Verständnis und die Befreiung von Traumata.

Andere Körperarbeitstechniken

Zusätzlich zur Massagetherapie können mehrere andere Körperarbeitstechniken für Personen mit komplexer PTSD von Vorteil sein. Diese Techniken konzentrieren sich auf verschiedene Aspekte von Körper und Geist und bieten verschiedene Wege zur Heilung und Integration.

1. Craniosacral-Therapie:

Craniosacral-Therapie ist eine sanfte, nicht-invasive Technik, die sich auf das craniosacrale System konzentriert, das die Knochen des Schädels, der Wirbelsäule und des Kreuzbeins sowie die umgebenden Membranen und die Gehirn-Rückenmarks-Flüssigkeit umfasst. Durch leichte Berührungen können Therapeuten dazu beitragen, Einschränkungen zu lösen und den Fluss der Gehirn-Rückenmarks-Flüssigkeit zu verbessern, wodurch die allgemeine Gesundheit und das Wohlbefinden gefördert werden.

-Vorteile für Trauma-Überlebende:

- Tiefenentspannung: Die Craniosacral-Therapie fördert die Tiefenentspannung und hilft, das Nervensystem zu beruhigen und Übererregungssymptome zu reduzieren.

- Emotionale Entspannung: Die sanfte Berührung der Craniosacral-Therapie kann die Lösung emotionaler Spannungen, die im Körper gespeichert sind, erleichtern und so die emotionale Verarbeitung und Integration unterstützen.

- Somatisches Bewusstsein: Diese Technik stärkt das Körperbewusstsein und hilft den Klienten, sich mit subtilen körperlichen Empfindungen zu verbinden und ein besseres Verständnis für ihre körperlichen Erfahrungen zu entwickeln.

2. Rolfing:

Rolfing, auch bekannt als Strukturelle Integration, ist eine Körperarbeitstechnik, die sich auf die

Neuausrichtung der Körperstruktur durch Manipulation der Faszien konzentriert. Rolfing zielt darauf ab, die Körperhaltung zu verbessern, Schmerzen zu lindern und allgemeine Bewegungsmuster zu verbessern.

Vorteile für Trauma-Überlebende:

- Haltungsausrichtung: Ein Trauma kann zu Ungleichgewichten und Fehlausrichtungen in der Körperstruktur führen. Rolfing hilft dabei, die richtige Ausrichtung wiederherzustellen, körperliche Beschwerden zu reduzieren und den Gleichgewichtssinn zu fördern.

- Lösung tiefsitzender Verspannungen: Rolfing arbeitet mit den tieferen Faszienschichten des Körpers und hilft dabei, chronische Spannungen und im Bindegewebe gespeicherte Traumata zu lösen.

- Verbessertes Körperbewusstsein: Rolfing stärkt das Körperbewusstsein und die Propriozeption und hilft den Klienten, sich besser auf ihre körperlichen Empfindungen und Bewegungen einzustellen.

3. Akupunktur:

Akupunktur ist eine Technik der traditionellen chinesischen Medizin, bei der dünne Nadeln in bestimmte Punkte des Körpers eingeführt werden, um den Energiefluss (Qi) zu fördern und das Gleichgewicht wiederherzustellen. Akupunktur kann besonders wirksam bei der Behandlung der körperlichen und emotionalen Symptome eines Traumas sein.

Vorteile für Trauma-Überlebende:
- Regulierung des Nervensystems: Akupunktur kann helfen, das autonome Nervensystem zu regulieren, Symptome von Übererregung zu reduzieren und die Entspannung zu fördern.
- Schmerzlinderung: Akupunktur lindert wirksam chronische Schmerzen, ein häufiges Problem für Überlebende von Traumata.
- Emotionales Gleichgewicht: Durch die Wiederherstellung des Energieflusses kann Akupunktur dazu beitragen, Emotionen auszugleichen und Symptome von Angstzuständen, Depressionen und Stress zu reduzieren.

4. Somatisches Erleben:

Somatic Experiencing (SE), entwickelt von Dr. Peter A. Levine, ist ein körperorientierter Ansatz zur Traumaheilung, der sich auf die Freisetzung der bei traumatischen Ereignissen im Körper eingeschlossenen körperlichen Spannung und Energie konzentriert. SE nutzt Körperwahrnehmung und Bewegung, um Einzelpersonen bei der Verarbeitung und Integration traumatischer Erlebnisse zu unterstützen.

Vorteile für Trauma-Überlebende:

- Freisetzung traumatischer Energie: SE hilft dabei, die mit Traumata verbundene Energie und Spannung abzubauen und fördert so die allgemeine körperliche und emotionale Heilung.

- Körperbewusstsein: SE stärkt das Körperbewusstsein und die Achtsamkeit und hilft Klienten, sich mit ihren körperlichen Empfindungen zu verbinden und ein besseres Verständnis für ihre körperlichen Erfahrungen zu entwickeln.

- Stärkung und Belastbarkeit: Durch die Arbeit mit den natürlichen Heilungsprozessen des Körpers befähigt SE seine Klienten, eine aktive Rolle bei ihrer Genesung zu übernehmen und ihre Belastbarkeit aufzubauen.

Kapitel 11

INTEGRATION DER SOMATISCHEN THERAPIE MIT ANDEREN ANSÄTZEN

Kombination von somatischer Therapie mit CBT und EMDR

Durch die Integration der somatischen Therapie mit der kognitiven Verhaltenstherapie (CBT) und der Desensibilisierung und Wiederaufbereitung von Augenbewegungen (EMDR) kann ein umfassender und wirksamer Behandlungsplan für Personen mit komplexer PTSD erstellt werden. Diese Ansätze befassen sich mit unterschiedlichen Dimensionen des Traumas und verbessern so das therapeutische Gesamtergebnis.

1. Kognitive Verhaltenstherapie (CBT):

CBT konzentriert sich auf das Erkennen und Ändern negativer Gedankenmuster und Verhaltensweisen. Es ist besonders wirksam bei der Behandlung kognitiver

Verzerrungen und Fehlanpassungsverhaltensweisen, die mit PTSD einhergehen.

Integration mit somatischer Therapie:

- Geist-Körper-Verbindung: Die Kombination von CBT mit somatischer Therapie hilft Klienten zu verstehen, wie sich ihre Gedanken und Gefühle in ihrem Körper manifestieren. Wenn man beispielsweise erkennt, dass ein Gedankenmuster körperliche Anspannung auslöst, kann dies das Selbstbewusstsein und die Selbstregulierung verbessern.

- Erdungstechniken: Somatische Techniken können neben kognitiven Verhaltenstherapie-Interventionen eingesetzt werden, um Klienten während der Sitzungen zu erden. Praktiken wie tiefes Atmen, progressive Muskelentspannung und Erdungsübungen helfen, das Nervensystem zu regulieren und die kognitive Arbeit effektiver zu machen.

- Körperbasierte Bewältigungsstrategien: Durch die Integration somatischer Strategien in die kognitive Verhaltenstherapie erhalten Klienten körperbasierte Werkzeuge zur Bewältigung belastender Gedanken und Emotionen. Dieser ganzheitliche Ansatz befasst sich sowohl mit kognitiven als auch mit physischen Aspekten von Traumata.

2. Desensibilisierung und Wiederaufbereitung von Augenbewegungen (EMDR):

EMDR ist eine strukturierte Therapie, die Einzelpersonen durch bilaterale Stimulation (z. B. Augenbewegungen, Klopfen oder Geräusche) dabei hilft, traumatische Erinnerungen zu verarbeiten und zu integrieren. Es ist äußerst wirksam bei der Reduzierung der Intensität traumatischer Erinnerungen und der damit verbundenen Symptome.

Integration mit somatischer Therapie:

- Verbesserung der Sicherheit und Regulierung: Somatische Techniken können verwendet werden, um vor und während EMDR-Sitzungen ein Gefühl von Sicherheit und Regulierung zu schaffen. Dazu können Erdungsübungen, Atemübungen und Körperscans gehören, um sicherzustellen, dass die Klienten präsent und zentriert bleiben.

- Verarbeitung von Körpererinnerungen: Ein Trauma hinterlässt oft implizite Erinnerungen, die im Körper gespeichert sind. Die Integration der somatischen Therapie mit EMDR ermöglicht die Verarbeitung dieser Körpererinnerungen neben kognitiven und emotionalen Erinnerungen, was zu einer umfassenderen Heilung führt.

- Post-EMDR-Integration: Nach EMDR-Sitzungen kann die somatische Therapie den Klienten dabei helfen, verbleibende körperliche Empfindungen oder Emotionen zu verarbeiten. Techniken wie sanfte Bewegungs-,

Berührungs- und Körperwahrnehmungsübungen unterstützen die Integration traumatischer Inhalte.

Die Rolle von Medikamenten und somatischer Therapie

Medikamente können eine entscheidende Rolle bei der Bewältigung der Symptome einer komplexen posttraumatischen Belastungsstörung spielen, insbesondere in Kombination mit einer somatischen Therapie. Während Medikamente die biochemischen Aspekte eines Traumas ansprechen, zielt die somatische Therapie auf die körperlichen und emotionalen Reaktionen ab und erzeugt so einen synergistischen Effekt.

1. Medikamente in der Traumabehandlung:

- Symptommanagement: Medikamente wie selektive Serotonin-Wiederaufnahmehemmer (SSRIs), Benzodiazepine und Antipsychotika können helfen, die Symptome von Angstzuständen, Depressionen und Übererregung zu lindern. Sie bieten eine stabile Grundlage für die therapeutische Arbeit, indem sie die Intensität der Symptome reduzieren.

- Neurochemisches Gleichgewicht: Ein Trauma kann das Gleichgewicht der Neurotransmitter im Gehirn

93

stören. Medikamente helfen dabei, dieses Gleichgewicht wiederherzustellen und verbessern die Stimmung, den Schlaf und die allgemeine Funktionsfähigkeit.

2. Integration von Medikamenten in die somatische Therapie:

- Verbesserte Selbstregulierung: Medikamente können Klienten dabei helfen, einen regulierteren Zustand zu erreichen, was die Ausübung somatischer Praktiken erleichtert. Wenn die Symptome weniger überwältigend sind, können sich Klienten effektiver auf körperbasierte Interventionen konzentrieren.

- Unterstützung körperlicher Empfindungen: Somatische Therapie kann Klienten dabei helfen, sich der körperlichen Empfindungen bewusster zu werden, die mit Medikamentenwirkungen wie Entspannung oder verminderter Angst verbunden sind. Dieses Bewusstsein kann den therapeutischen Prozess verbessern, indem es körperliche Empfindungen mit emotionalen Zuständen verknüpft.

- Ganzheitlicher Ansatz: Die Kombination von Medikamenten mit somatischer Therapie bietet einen ganzheitlichen Ansatz zur Traumabehandlung. Während Medikamente die neurochemischen Aspekte ansprechen, zielt die somatische Therapie auf die körperliche Erfahrung eines Traumas ab und führt zu einer umfassenden Heilung.

Erstellen eines ganzheitlichen Behandlungsplans

Ein ganzheitlicher Behandlungsplan für komplexe PTSD integriert die somatische Therapie mit anderen Therapieansätzen, Medikamenten und Lebensstilinterventionen. Dieser umfassende Ansatz befasst sich mit der vielschichtigen Natur von Traumata und fördert das allgemeine Wohlbefinden und die Belastbarkeit.

1. Beurteilung und Individualisierung:

- Umfassende Beurteilung: Eine gründliche Beurteilung der Krankengeschichte, Symptome, Stärken und Bedürfnisse des Klienten ist für die Erstellung eines individuellen Behandlungsplans unerlässlich. Dazu gehört die Bewertung physischer, emotionaler, kognitiver und relationaler Aspekte der Erfahrung des Klienten.

- Gemeinsame Zielsetzung: Durch die Einbeziehung des Klienten in die Festlegung therapeutischer Ziele wird sichergestellt, dass der Behandlungsplan mit seinen Werten und Prioritäten übereinstimmt. Die gemeinsame Zielsetzung steigert die Motivation und das Engagement im therapeutischen Prozess.

2. Multidisziplinäre Zusammenarbeit:

- Integriertes Pflegeteam: Die Zusammenarbeit verschiedener Gesundheitsdienstleister wie Somatiktherapeuten, Psychotherapeuten, Psychiater und Hausärzte gewährleistet eine umfassende Versorgung. Regelmäßige Kommunikation und Koordination zwischen den Teammitgliedern unterstützen einen kohärenten Behandlungsansatz.

- Kundenzentrierter Ansatz: Ein kundenzentrierter Ansatz priorisiert die Vorlieben, Bedürfnisse und das Tempo des Kunden. Es erkennt die Autonomie des Klienten an und befähigt ihn, eine aktive Rolle auf seinem Heilungsweg zu übernehmen.

3. Einbeziehung von Lebensstilinterventionen:

- Körperliche Aktivität: Regelmäßige körperliche Aktivität wie Yoga, Spazierengehen oder Schwimmen unterstützt die allgemeine Gesundheit und das Wohlbefinden. Sport hilft, das Nervensystem zu regulieren, Stress abzubauen und die Stimmung zu verbessern.

- Ernährung und Schlaf: Eine ausgewogene Ernährung und ausreichend Schlaf sind für die körperliche und emotionale Gesundheit unerlässlich. Ernährungsberatung und Schlafhygienepraktiken können die Genesung nach einem Trauma unterstützen.

- Achtsamkeits- und Entspannungsübungen: Achtsamkeitsmeditation, Entspannungsübungen und andere Techniken zur Stressreduzierung helfen, das Nervensystem zu regulieren und die emotionale Belastbarkeit zu stärken.

4. Laufende Bewertung und Anpassung:

- Kontinuierliche Überwachung: Durch die regelmäßige Überwachung der Fortschritte des Kunden und die Anpassung des Behandlungsplans nach Bedarf wird sichergestellt, dass dieser wirksam bleibt und auf die sich ändernden Bedürfnisse des Kunden eingeht.

- Feedback und Reflexion: Das Ermutigen von Klienten zum Feedback und zur Reflexion ihrer therapeutischen Erfahrungen fördert das Selbstbewusstsein und die Selbstwirksamkeit. Es ermöglicht auch rechtzeitige Anpassungen des Behandlungsplans.

Kapitel 12

SELBSTPFLEGE UND FORTSETZUNG DER HEILUNGSREISE

Selbstfürsorgestrategien für Traumaüberlebende

Selbstfürsorge ist ein wesentlicher Bestandteil der Heilungsreise für Trauma-Überlebende. Dabei geht es darum, sich bewusst an Aktivitäten und Praktiken zu beteiligen, die das körperliche, emotionale und geistige Wohlbefinden fördern. Für Menschen mit komplexer PTBS ist Selbstfürsorge von entscheidender Bedeutung, um die Symptome zu bewältigen, die Widerstandsfähigkeit zu stärken und eine langfristige Genesung zu fördern.

1. Routine etablieren:

- Tagesstruktur: Die Etablierung einer Tagesroutine vermittelt ein Gefühl der Vorhersehbarkeit und Stabilität, was für Überlebende eines Traumas beruhigend sein kann. Konsequente Schlaf- und Essenszeiten, regelmäßige Bewegung und geplante Entspannungsphasen tragen zu einem ausgeglichenen Tagesrhythmus bei.

- Morgen- und Abendrituale: Einfache Rituale, wie achtsame morgendliche Dehnübungen oder abendliche Besinnung, können den Tag festigen. Diese Praktiken sorgen morgens für eine positive Stimmung und erleichtern abends die Entspannung und den Abschluss.

2. Körperliche Selbstfürsorge:

- Ernährung: Eine ausgewogene Ernährung unterstützt die allgemeine Gesundheit und das Wohlbefinden. Überlebende eines Traumas sollten sich auf nährstoffreiche Lebensmittel konzentrieren, ausreichend Flüssigkeit zu sich nehmen und übermäßigen Koffein- und Zuckerkonsum vermeiden, da diese Ängste und Stimmungsschwankungen verstärken können.

- Bewegung: Regelmäßige körperliche Aktivität hilft, das Nervensystem zu regulieren, Stress abzubauen und die Stimmung zu verbessern. Aktivitäten wie Spazierengehen, Yoga, Tanzen oder Schwimmen können sowohl angenehm als auch therapeutisch sein.

- Schlafhygiene: Die Priorisierung des Schlafes ist für die Heilung von entscheidender Bedeutung. Die Festlegung eines konsistenten Schlafplans, die Schaffung einer erholsamen Schlafumgebung und das Üben von

Entspannungstechniken vor dem Schlafengehen können die Schlafqualität verbessern.

3. Emotionale Selbstfürsorge:

- Achtsamkeit und Meditation: Achtsamkeitspraktiken wie Meditation, tiefes Atmen und Körperscans helfen Trauma-Überlebenden, im gegenwärtigen Moment geerdet zu bleiben und ein vorurteilsfreies Bewusstsein für ihre Gedanken und Gefühle zu entwickeln.

- Journaling: Das Schreiben über Gedanken und Emotionen kann ein wirkungsvolles Werkzeug sein, um Traumata zu verarbeiten und Einblicke in die eigenen Erfahrungen zu gewinnen. Journaling bietet einen sicheren Raum für Selbstdarstellung und Reflexion.

- Kreative Möglichkeiten: Die Teilnahme an kreativen Aktivitäten wie Kunst, Musik oder Schreiben kann Trauma-Überlebenden dabei helfen, Emotionen auf nonverbale, intuitive Weise auszudrücken und zu verarbeiten.

4. Mentale Selbstfürsorge:

- Grenzen setzen: Die Festlegung gesunder Grenzen ist für den Schutz des geistigen und emotionalen Wohlbefindens unerlässlich. Dazu gehört es, zu lernen, Nein zu sagen, der Selbstfürsorge Priorität einzuräumen und Situationen oder Menschen zu meiden, die Energie auslösen oder verbrauchen.

- Therapeutische Praktiken: Die fortgesetzte Teilnahme an der Therapie, sei es einzeln, in der Gruppe oder somatisch, unterstützt die fortlaufende Heilung. Regelmäßige Therapiesitzungen bieten Raum für die Verarbeitung von Erfahrungen und die Entwicklung von Bewältigungsstrategien.

- Positive Affirmationen: Das Üben positiver Selbstgespräche und positiver Affirmationen kann dazu beitragen, negative Gedankenmuster neu zu definieren und eine mitfühlendere Beziehung zu sich selbst zu fördern.

Aufbau eines Unterstützungssystems

Für Überlebende eines Traumas ist ein starkes Unterstützungssystem von entscheidender Bedeutung, das emotionale, soziale und praktische Hilfe bietet. Der Aufbau und die Pflege eines Netzwerks unterstützender Beziehungen steigert die Belastbarkeit und vermittelt ein Gefühl der Verbundenheit und Zugehörigkeit.

1. Identifizierung unterstützender Personen:

- Vertrauenswürdige Freunde und Familie: Es ist wichtig, Freunde und Familienmitglieder zu finden, die verständnisvoll, einfühlsam und vertrauenswürdig sind. Diese Personen können emotionale Unterstützung, Kameradschaft und praktische Hilfe bieten.

- Selbsthilfegruppen: Der Beitritt zu einer Selbsthilfegruppe für Traumaüberlebende vermittelt ein Gemeinschaftsgefühl und gemeinsame Erfahrungen. Gruppenmitglieder können sich gegenseitig unterstützen, verstehen und ermutigen.

- Professionelle Unterstützung: Der Aufbau eines Teams aus Fachleuten, darunter Therapeuten, Ärzte und Berater, gewährleistet eine umfassende Betreuung. Regelmäßige Kommunikation mit diesen Fachkräften unterstützt die weitere Heilung.

2. Bedürfnisse kommunizieren:

- Offene Kommunikation: Eine klare und ehrliche Kommunikation über Bedürfnisse und Grenzen ist für die Aufrechterhaltung gesunder Beziehungen unerlässlich. Gefühle auszudrücken und um Unterstützung zu bitten trägt dazu bei, Vertrauen und Verständnis aufzubauen.

- Grenzen setzen: Das Errichten und Aufrechterhalten von Grenzen gegenüber anderen schützt das emotionale und geistige Wohlbefinden. Dazu gehört das Setzen von Zeit-, Energie- und persönlichen Grenzen.

3. Teilnahme an sozialen Aktivitäten:

- Soziales Engagement: Die Teilnahme an sozialen Aktivitäten und die Pflege von Verbindungen zu anderen fördert das Zugehörigkeitsgefühl und verringert das Gefühl der Isolation. Dazu kann der Beitritt zu Clubs, ehrenamtliche Arbeit oder die Teilnahme an Gemeinschaftsveranstaltungen gehören.

- Balance zwischen Einsamkeit und Sozialisation: Soziale Unterstützung ist zwar wichtig, aber es ist auch wichtig, soziale Aktivitäten mit Zeiten der Einsamkeit zur Selbstreflexion und zum Aufladen in Einklang zu bringen.

Langfristige Heilung und Erhaltung

Langfristige Heilung und Erhaltung erfordern kontinuierliches Engagement für Selbstfürsorge, kontinuierliches Lernen und die Anpassung von Strategien zur Unterstützung einer nachhaltigen Genesung. Für Menschen mit komplexer PTBS ist dieser Weg dynamisch und entwickelt sich weiter und erfordert Flexibilität und Belastbarkeit.

1. Kontinuierliche Selbstreflexion:

- Regelmäßige Check-ins: Regelmäßiges Nachdenken über Fortschritte, Herausforderungen und Ziele trägt dazu bei, das Bewusstsein für die Heilungsreise aufrechtzuerhalten. Regelmäßige Selbsteinschätzungen können Bereiche identifizieren, die Ihrer Aufmerksamkeit bedürfen, und Erfolge feiern.

- Anpassung und Flexibilität: Die Offenheit für veränderte Selbstfürsorgepraktiken und Bewältigungsstrategien nach Bedarf unterstützt das kontinuierliche Wachstum. Traumaüberlebende sollten anpassungsfähig bleiben und auf ihre sich entwickelnden Bedürfnisse reagieren.

2. Lebenslanges Lernen:

- Bildung und Bewusstsein: Sich kontinuierlich über Trauma, Heilung und Selbstfürsorge zu informieren, verbessert das Verständnis und befähigt den Einzelnen, fundierte Entscheidungen zu treffen. Dazu kann das Lesen von Büchern, der Besuch von Workshops oder die Teilnahme an Online-Kursen gehören.

- Kompetenzentwicklung: Die Entwicklung neuer Fähigkeiten und Hobbys fördert das Erfolgserlebnis und die Selbstwirksamkeit. Aktivitäten, die den Geist herausfordern und stimulieren, fördern das allgemeine Wohlbefinden.

3. Integration von Heilpraktiken:

- Geist-Körper-Übungen: Die fortgesetzte Ausübung von Geist-Körper-Übungen wie Yoga, Tai Chi oder Meditation unterstützt die langfristige Heilung. Diese

Übungen fördern Gleichgewicht, Entspannung und Körperbewusstsein.

- Therapeutische Modalitäten: Die Erforschung und Integration verschiedener therapeutischer Modalitäten, wie z. B. somatische Therapie, EMDR und achtsamkeitsbasierte Therapien, gewährleistet einen umfassenden Heilungsansatz.

4. Aufrechterhaltung eines ausgewogenen Lebensstils:

- Entscheidungen für einen gesunden Lebensstil: Die Priorisierung eines ausgewogenen Lebensstils, der regelmäßige Bewegung, eine nahrhafte Ernährung und ausreichend Schlaf umfasst, unterstützt die allgemeine Gesundheit. Eine gesunde Lebensweise trägt zur emotionalen und körperlichen Belastbarkeit bei.

- Stressmanagement: Durch die Entwicklung effektiver Stressmanagementtechniken wie tiefes Atmen, progressive Muskelentspannung und Zeitmanagement werden die Auswirkungen von Stress auf das tägliche Leben reduziert.

Abschluss

Somatische Therapie bei komplexer PTSD hat eine tiefgreifende Untersuchung der kraftvollen Schnittstelle zwischen Trauma und Körper geliefert. Durch die Auseinandersetzung mit den grundlegenden Konzepten der somatischen Therapie, dem Verständnis der komplexen Natur komplexer PTSD und dem Erlernen verschiedener therapeutischer Techniken und Ansätze haben wir uns zum Ziel gesetzt, einen ganzheitlichen Rahmen für die Heilung anzubieten.

Die Reise durch dieses E-Book unterstreicht die Bedeutung der Integration von Wissen und Praxis. Das Verständnis der Wissenschaft hinter Traumata und der Reaktion des Körpers bildet eine entscheidende Grundlage für eine wirksame Therapie. In den Kapiteln wurde betont, wie wichtig es ist, somatisches Bewusstsein zu entwickeln, Achtsamkeit zu praktizieren und spezifische Techniken wie Somatic Experiencing und sensomotorische Psychotherapie anzuwenden. Diese Tools ermöglichen es Überlebenden von Traumata, sich wieder mit ihrem Körper zu verbinden, Traumata auf physiologischer Ebene zu verarbeiten und ihre Widerstandsfähigkeit zu fördern.

Einer der zentralen Grundsätze der somatischen Therapie ist die Anerkennung des Körpers als Tor zur Heilung. Trauma ist nicht nur ein psychologisches Phänomen; es ist tief im Körper verankert. Durch die Behandlung der physischen Manifestationen eines Traumas bietet die somatische Therapie einen Weg zur ganzheitlichen Genesung. Techniken wie bewegungsbasierte Therapien, Atemarbeit und Körperarbeit ermöglichen es dem Einzelnen, gespeicherte Traumata zu lösen, sein Nervensystem zu regulieren und ein Gefühl von Sicherheit und Verkörperung zu entwickeln.

Ein wiederkehrendes Thema im Buch ist die Bedeutung der therapeutischen Beziehung. Die Heilung einer komplexen PTSD erfordert eine sichere, unterstützende und einfühlsame Umgebung. Das Vertrauen zum Therapeuten und zum therapeutischen Prozess ist von größter Bedeutung. Therapeuten spielen eine entscheidende Rolle dabei, Trauma-Überlebende auf ihrem Heilungsweg zu begleiten, indem sie Mitgefühl, Bestätigung und Fachwissen bieten. Der kollaborative Charakter der somatischen Therapie fördert die Selbstbestimmung und Entscheidungsfreiheit und ermöglicht es den Klienten, eine aktive Rolle bei ihrer Genesung zu übernehmen.

Die Heilung einer komplexen posttraumatischen Belastungsstörung geht über den Therapieraum hinaus. Selbstfürsorgestrategien, der Aufbau eines robusten Unterstützungssystems und die Nutzung gemeinschaftlicher Ressourcen sind wichtige Bestandteile einer langfristigen Genesung. Überlebende von Traumata werden ermutigt, Praktiken zu kultivieren, die Selbstmitgefühl, Belastbarkeit und Wohlbefinden fördern. Der Kontakt mit anderen, die ähnliche Erfahrungen teilen, gibt Bestätigung, verringert die Isolation und stärkt das Verständnis, dass Heilung eine gemeinsame Reise ist.

Am Ende dieses E-Books ist es wichtig zu erkennen, dass die Heilung einer komplexen PTBS ein nichtlinearer und fortlaufender Prozess ist. Fortschritte können von Rückschlägen begleitet sein, und der Weg jedes Einzelnen ist einzigartig. Die in diesem Buch geteilten Erkenntnisse, Techniken und Geschichten sollen einen umfassenden Leitfaden für die Bewältigung dieses Weges mit größerem Bewusstsein und Selbstvertrauen bieten.

Durch die Anwendung der Prinzipien der somatischen Therapie können Traumaüberlebende ihr Selbstbewusstsein zurückgewinnen, ihre Verbindung zu ihrem Körper wiederherstellen und eine Zukunft aufbauen, die von Belastbarkeit und Selbstbestimmung geprägt ist. Der Weg der Heilung ist zutiefst persönlich und jeder Schritt zur Genesung ist ein Beweis für die Stärke und den Mut derjenigen, die ihn unternehmen.

Somatische Therapie bei komplexer PTBS ist mehr als ein Leitfaden; Es ist eine Einladung, das tiefgreifende Heilungspotenzial zu erkunden, das im Körper steckt. Denken Sie auf Ihrer weiteren Heilungsreise daran, dass Sie nicht allein sind. Die in diesem Buch bereitgestellten Werkzeuge, Techniken und Erkenntnisse sollen Sie dabei unterstützen, Ihr Leben zurückzugewinnen, Frieden zu finden und mit neuer Hoffnung und Vitalität voranzuschreiten.

Möge dieses E-Book als wertvolle Ressource, Inspirationsquelle und Begleiter auf Ihrem weiteren Weg zur Heilung und Ganzheit dienen.